PROTECTORES INVISIBLES

PROTECTORES INVISIBLES

POR

C. W. LEADBEATER

TRADUCIDO DIRECTAMENTE DE LA SEGUNDA EDICION INGLESA

POR

Federico Climent Terrer

TERCERA EDICION

BERBERA EDITORES S.A DE C.V.

Delibes No. 96 Col. Guadalupe Victoria C.P. 07790
México, D.F. Tel: 5 356 4405, Fax: 5 356 6599
Página Web: www.berbera.com.mx
Correo electrónico: editores@berbera.com.mx

1ra. Edición: julio de 2010.
4a. Reimpresión: diciembre de 2016.

ISBN: 978-968-5275-72-6

Impreso en México
Printed in Mexico

CAPITULO PRIMERO

UNIVERSAL CREENCIA EN ELLOS

Una de las más hermosas características de la Teosofía es la de representar a las gentes de un modo más racional las verdades, para ellas realmente provechosas y consoladoras, de las religiones en cuyo seno crecieron y se educaron. Muchos de los que rompieron la crisálida de la fe ciega, y en alas de la razón y del instintivo criterio se remontaron al más elevado nivel de nobilísima y libérrima vida intelectual, echaron de ver, sin embargo, en el proceso de este glorioso aventajamiento, que al renunciar a las creencias de su infancia perdieron la poesía y encanto de la existencia.

No obstante, si sus vidas fueron en lo pasado suficientemente buenas para aprovechar por ellas la oportunidad de recibir la benéfica influencia de la Teosofía, muy pronto se percatarán de que no lo perdieron todo, sino que aun ganaron en exceso; que la gloria y la belleza y la poesía resplandecen allí con mayor intensidad de lo que hubiesen podido esperar antes de entonces; y no ya como placentero sueño del que en cualquier tiempo les despierta bruscamente la fría luz de los sentidos orgánicos, sino como verdades de naturaleza investigable, que cuanto mejor comprendidas llegarán a ser más robustas, perfectas y evidentes.

Notable ejemplo de esta beneficiosa acción de la Teosofía es la manera cómo el mundo invisible (que antes de anegarnos la ola enorme del materialismo fué considerado como fuente de todo auxilio humano) ha sido restituído por ella a la vida moderna.

La Teosofía demuestra que no son meras supersticiones sin significado alguno, sino hechos naturales con fundamento científico, las creencias, consejas y tradiciones populares respecto de los trasgos, duendes, gnomos, hadas y espíritus del aire, del agua, de los bosques, montañas y cavernas.

A la eterna pregunta de si el hombre vive después de muerto, responde la Teosofía con científica exactitud, y sus enseñanzas acerca de la nauraleza y condiciones de la vida de ultratumba irradian efluvios de luz sobre muchos problemas metafísicos que, por lo menos para el mundo occidental, estaban aprióricamente sumidos en impenetrables tinieblas.

Nunca será ocioso repetir que en punto a estas enseñanzas relativas a la inmortalidad del alma y a la vida futura, se coloca la Teosofía en posiciones totalmente distintas de las que ocupan las religiones confesionales; pues no apoya estas profundas verdades en la única autoridad de antiquísimas Escrituras o Libros sagrados, sino que prescindiendo de opiniones ultrapiadosas y especulaciones metafísicas, se atiene a hechos positivos y reales y tan a nuestro alcance como el aire que respiramos o las casas en que vivimos; hechos que muchos de nosotros experimentamos constantemente y que son la cotidiana ocupación de algunos de nuestros estudiantes.

Entre las hermosas ideas que la Teosofía nos ha restituído, aparece preeminentemente la de la gran acción auxiliadora de la naturaleza. La creencia en ella ha sido universal desde los albores de la historia, y aun hoy lo es si exceptuamos los estrechos recintos religiosos del protestantismo, que ha desolado y entenebrecido la conciencia de sus fieles con el empeño de negar la natural y verdadera idea de los mediadores, reduciendo toda comunicación espiritual a la directa entre el hombre y la Divinidad, con lo que el concepto de Dios quedó indefinidamente degradado y el hombre sin auxilio.

No se necesita mucho esfuerzo de meditación

para comprender que la vulgar idea de Providencia, el concepto de una correveidílica intervención entre el Poder central del universo y el resultado de sus propios decretos, supondría parcialidad o privilegio, y, por lo tanto, la interminable serie de males que de ella necesariamente dimanarían.

Libre de esta objeción se halla la Teosofía, porque enseña que el hombre sólo recibe auxilio cuando por sus pasadas acciones lo merece, y que aun así, lo recibirá únicamente de los seres en superior cercanía a su nivel psíquico. Esta enseñanza nos conduce a la inmemorial y ya lejana idea de una no interrumpida escala de seres que desde el Mismo Logos desciende hasta el polvo que huellan nuestros pies (1).

La existencia de Protectores invisibles ha sido reconocida siempre en Oriente, aunque se les haya designado con diversos nombres y atribuído diferentes caracteres según los países. Aun en Europa dan prueba de esta misma creencia las continuas intervenciones de los dioses en los asuntos humanos, como relatan los historiadores griegos. También la leyenda romana atribuye a Cástor y Polux mediación favorable a las legiones de la naciente república, en la batalla del lago Regilo.

Semejantes creencias no desarraigaron al ter-

(1) La Escala de Jacob. — N. del T.

minar la edad antigua, sino que tuvieron sus legítimas derivaciones en los tiempos medievales, como lo demuestran las apariciones de santos en el momento crítico de las batallas (1) para mudar la suerte de las armas en favor de las huestes cristianas; o asimismo los ángeles de la guarda que en ocasiones salvan a los peregrinos de peligros inevitables sin el celeste auxilio.

(1) La legendaria aparición del apóstol Santiago en la batalla de Clavijo puede asimismo referirse a esta orden de mediaciones. — N. del T.

CAPITULO II

ALGUNOS EJEMPLOS MODERNOS

Aun en esta descreída época y entre la vorágine de nuestra novecentista civilización, a despecho de la ciencia dogmática y de la mortífera estultez del protestantismo, puede hallar quienquiera que se tome el trabajo de fijar la atención en ellos, numerosos ejemplos de mediación protectora, inexplicable desde el punto de vista del materialismo. A fin de darle al lector prueba de ello, resumiré brevemente unos cuantos ejemplos de los referidos por escritores veraces, y además otros dos de que adquirí noticia directa.

Circunstancia muy atendible en estos recientes ejemplos es que, según parece, la mediación tuvo casi siempre por objeto proteger o salvar a la infancia.

Hace pocos años sucedió en Londres un interesante caso relacionado con la salvación de un niño en un terrible incendio que estalló cerca del barrio de Holborn, destruyendo por completo dos casas. Las llamas habían tomado tal incremento antes de advertirse el siniestro, que los bomberos se vieron precisados a dejar que el fuego devorase las casas, convirtiendo todos sus esfuerzos a localizar el incendio y poner en salvo a los moradores. Lograron salvarlos a todos excepto dos: una vieja que murió asfixiada por el humo, antes de que los bomberos pudiesen auxiliarla, y un niño de cinco años de quien nadie se había acordado entre la turbación y pánico que a los inquilinos les causara la voz de fuego. Sin embargo, semejante olvido tenía su fundamento psicológico, porque el niño no habitaba de ordinario en aquella casa, sino que obligada su madre a ir a Cólchester para asuntos de familia, lo había confiado aquella noche a la hospitalidad de una parienta suya que era precisamente inquilina de una de las casas incendiadas. Así es, que cuando todos estuvieron en salvo y los edificios envueltos en llamas, se acordó la pobre mujer con espanto del niño cuya guarda le habían confiado. Viéndose impotente de volver a la casa y llegar hasta la alcoba del niño, prorrumpió en desesperado llanto; pero un bombero resolvióse entonces a intentar un supremo esfuerzo, y enterado por la inquilina de la exacta situación de la alcoba, penetró heroicamente por entre aquel infierno de fuego y humo. A los pocos minutos reaparecía con el niño sano y salvo, sin el más leve chamusqueo.

El bombero refirió que la alcoba estaba ardiendo y con la mayor parte del suelo hundido, pero que las llamas, contra su natural propensión, retorcían sus lenguas hacia la ventana de modo tal que jamás lo había él notado en su larga experiencia del oficio, dejando enteramente intacto el rincón donde estaba la cama del niño, aunque ya se veían medio quemadas las vigas del techo. Dijo también que había encontrado al niño presa del natural terror, pero que al acercarse a él con serio peligro de su vida (y esto lo declaró el bombero repetidas veces), vió una figura como de ángel "gloriosamente albo y resplandeciente, inclinado sobre la cama en actitud de cubrir al niño con la colcha". Estas últimas fueron sus propias palabras. Añadió después que no había sido víctima de alucinación alguna, porque el ángel estaba rodeado de un nimbo de luz y pudo verle distintamente por unos cuantos segundos, antes de que desapareciese al acercarse el salvador a la cama del niño.

Otra circunstancia curiosa de este suceso fué que, aquella misma noche, la madre del niño no pudo conciliar el sueño en su alojamiento de Cólchester, viéndose continuamente atormentada por la tenaz idea de que a su hijo le amenazaba una desgracia. Tan persistente fué el presentimiento, que por último se levantó para impetrar fervientemente del Cielo que protegiese al niño y le salvase del peligro que sobre él se cernía. La intervención fué así evidentemente lo que un cristiano llamaría "escucha de una plegaria"; pero un teósofo, expresando la misma idea con más científica frase, dirá que el interno desbordamiento del amor maternal constituyó la fuerza aprovechada por uno de nuestros protectores invisibles para salvar al niño de espantosa muerte.

Otro caso de milagrosa protección a la infancia ocurrió en las riberas del Támesis, cerca de Maidenhead, pocos años antes del ya referido. Esta vez el peligro no provino del fuego, sino del agua. Tres pequeñuelos, que, si mal no recuerdo, vivían en el pueblo de Shottesbrook o cerca de allí, fueron a dar un paseo con su aya por la margen del remolque. De pronto, en una revuelta se les echó encima un caballo que remolcaba una lancha y en la confusión del atropello dos de los niños se adelantaron hacia el lado izquierdo de la soga y tropezando en ella cayeron al río. El barquillero, al percatarse del accidente, se abalanzó con intento de salvarlos, pero asombrado vió que como por milagro flotaban sobre el agua, moviéndose suavemente hacia la orilla. Esto fué lo que el barquillero y el aya presenciaron; pero los niños refirieron acordemente que "un hermoso joven de resplandeciente blancura" había estado junto a ellos en el agua, sosteniéndolos y guiándolos hacia la orilla. La hija del barquillero, que a los gritos del aya acudió desde su choza, dijo en corroboración del relato de los niños, que también ella había visto cómo "una hermosa señora" los conducía hacia la orilla.

Sin conocer todos los pormenores del caso expuesto, es imposible asegurar qué especie de protector era este ángel, pero la opinión más razonable se inclina a suponerle un sér humano de adelantado perfeccionamiento que actuaba en el plano astral, según veremos más tarde al discurrir sobre este asunto, desde el punto de vista de los protectores con preferencia al de los protegidos.

El conocido sacerdote Dr. Juan Mason Neale, cita un caso en el que se echa de ver más distintamente la acción protectora. Cuenta el reverendo Mason que un hombre recién enviudado fué de visita con sus niños a la casa de campo de un amigo. Era la casa vieja, estaba aislada, y en la planta baja había largos y obscuros corredores por donde los niños acostumbraban a jugar placenteramente al escondite.

Pero en aquella ocasión quisieron subir al primer piso con gravedad de personas mayores, y dos de ellos dijeron que, al pasar por uno de los corredores, se les había aparecido su madre, mandándoles retroceder. Examinado el lugar del suceso, evidencióse que de subir los niños unos cuantos peldaños más, se hubiesen caído a un patio descubierto, interpuesto en su camino. La aparición de su madre los salvó así de una muerte segura.

En este ejemplo parece indudable que la misma madre estaba celando todavía por sus hijos desde el plano astral, y que (según ha sucedido en algunos otros casos) su intenso deseo de preservarlos del peligro en que tan descuidadamente iban a perecer, le dió la facultad de manifestarse visible y auditivamente por un instante, a sus hijos; o tal vez sólo la de sugerirles la idea de que la veían y escuchaban. Es posible también que cualquier otro protector, para no amedrentar a los niños, tomase la figura de la madre; pero la hipótesis más racional es atribuir la mediación a los efectos del siempre vigilante amor maternal sutilizado al cruzar los dinteles de la muerte; porque este amor, uno de los más santos y abnegados sentimientos humanos, es también uno de los más persistentes en los planos suprafísicos. No sólo cuida y vela por sus hijos la madre que mora en los niveles inferiores del plano astral, y por consiguiente en roce con la tierra, sino que aun después de remontarse a las celestiales esferas, mantiene sin desmayo el pensamiento en sus hijos, y la opulencia de amor que derrama sobre las imágenes que de ellos forja, constituye un potísimo desbordamiento de fuerza espiritual que fluye sobre sus pequeñuelos, todavía sujetos a las condiciones de este mundo inferior, rodeándolos de vívidos núcleos de bienhechora energía que bien pudieran considerarse como verdaderos ángeles de la guarda. Explicación de esto hallará el lector más adelante en este mismo manual.

No hace muchos años, la hija menor de un obispo anglicano salió a pasear con su madre por las calles de la ciudad en donde vivían, y al cruzar inadvertidamente de una a otra acera, la niña fué atropellada por los caballos de un carruaje que embocaba por la esquina. Viéndola su madre entre las patas de los animales, abalanzóse con el natural temor de que hubiese recibido grave daño; pero la niña se levantó ilesa del suelo, diciendo: "¡Oh, mamá! No me he hecho daño, porque un alguien, vestido de blanco, evitó que los caballos me pateasen, ahuyentando de mí todo temor."

Un caso ocurrido en el condado de Búckingham cerca de Burnham Becches es notable por haber persistido durante bastante tiempo la manifestación física del auxilio espiritual. En los ejemplos anteriores, la intervención fué de pocos momentos, mientras que en el que vamos a referir duró el fenómeno más de media hora.

Dos niños de un modesto colono se quedaron a jugar en la solana mientras que sus padres y los mozos de labranza estaban en el campo ocupados en las faenas de la recolección. Los chicuelos, ansiosos de corretear por el bosque, se alejaron demasiado de la casa y no dieron con el camino de vuelta. Cuando los fatigados padres regresaron al oscurecer, echaron de menos a los niños, y después de buscarlos infructuosamente por las casas vecinas, enviaron a los jornaleros en pesquisas por distintas direcciones. Sin embargo, toda la exploración resultó inútil, volviéndose al cortijo con afligido semblante; pero entonces vieron a lo lejos una luz extraña que se movía lentamente a través de los campos lindantes con la carretera. La luz tenía la forma de una esfera de hermoso color dorado, enteramente diferente de la de los relámpagos, permitiendo distinguir a los dos niños que todavía correteaban por el campo iluminados por la prodigiosa claridad. Los padres y sus criados acudieron inmediatamente al paraje indicado, persistiendo la luz hasta que, reunidos con los niños extraviados, se desvaneció en tenebrosa oscuridad.

Lo sucedido fué que al llegar la noche y viéndose perdidos, erraron los niños por el bosque después de pedir socorro a gritos durante algún tiempo, hasta que al fin el sueño los rindió al pie de un árbol. Luego, según ellos mismos dijeron, los despertó una hermosísima señora que llevaba una lámpara y que, cogiéndolos de la mano, los iba encaminando a casa cuando sus padres los encontraron. Por más que los niños dirigieron algunas preguntas a la aparición, ésta no hizo más que sonreir sin pronunciar palabra. Los dos niños demostraron tal convencimiento en el relato, que no hubo medio de quebrantar su fe en lo que habían visto. Digno de mención es, sin embargo, que aunque todos los circunstantes vieron la luz y pudieron distinguir perfectamente los árboles y plantas que caían dentro del círculo de iluminación, para ninguno de ellos, sino para los niños, fué visible la aparición.

CAPITULO III

EXPERIENCIA PROPIA

Los ejemplos relatados son bastante conocidos y quienquiera puede leerlos en los libros en que se publicaron y particularmente en el del Dr. Lee titulado: *Más vislumbres del Mundo invisible;* pero los que ahora voy a referir no son del dominio público ni se han editado antes de ahora, habiéndome sucedido uno de los casos a mí mismo y el otro a un querido compañero en creencias y eminente miembro de la Sociedad Teosófica, cuyo escrupuloso espíritu de observación desvanece la más ligera sombra de duda.

El caso que personalmente me atañe es muy sencillo, aunque no de poca monta para mí, puesto que en él salvé la vida. En noche de borrasca iba yo por una de las calles adyacentes a Westbourne Grove, forcejeando por mantener abierto el paraguas contra las violentas ráfagas de viento que a cada instante amenazaban arrebatármelo de las manos, sin que este esfuerzo físico me distrajera de pensar en los pormenores de un trabajo literario que ya tenía comenzado. De pronto sobrecogióme el sonido de una voz muy conocida, la de un Maestro indo que gritó a mi oído: "Retrocede". Rápido como el pensamiento, obedeciendo casi maquinalmente al aviso, me eché hacia atrás, y con la violencia del movimiento se me escapó el paraguas, al mismo tiempo que cuatro pasos más allá del sitio en que estaba, es decir, en el mismo punto por donde yo hubiera pasado en aquel instante de no advertirme la voz, se estrellaba contra el pavimento de la calle un enorme sombrerete de chimenea. El mucho peso de este artefacto y la velocidad propia de su caída, bastaran seguramente a dejarme en el sitio si de tan prodigioso modo no me advierte del peligro la voz del Maestro. Por la calle no pasaba nadie, y el indo cuya conocida voz había oído, estaba a siete mil millas de distancia por lo que atañe al cuerpo físico.

No fué ésta la única ocasión en que recibí supranormal auxilio. En mis mocedades, mucho antes de fundarse la Sociedad Teosófica, la aparición de una persona amada y recientemente fallecida, me impidió cometer un acto que ahora considero delictuoso y que entonces me parecía no sólo justo, sino loable y necesario.

En fecha más reciente, pero anterior también a la fundación de la Sociedad Teosófica, una advertencia recibida de elevadas esferas en muy emocionantes circunstancias, me incitó a aconsejar a un amigo que no siguiera por el camino emprendido, cuyo término, según ahora veo, hubiera sido desastroso, aunque entonces no tenía yo motivo racional para ni siquiera suponerlo. Véase, pues, cómo apoyo en no escaso caudal de experiencia propia mi firmísima fe en la existencia de protectores invisibles, aun prescindiendo de cuanto sé respecto al auxilio que continuamente están prestando en nuestros días.

El otro caso es mucho más sorprendente. Una de nuestras consocias, que me permite relatar el sucedido bajo condición de no citar su nombre, hallóse cierta vez en serio peligro. Por circunstancias que es ocioso referir, vióse envuelta en una refriega callejera y acometida por varios hombres con intención de derribarla al suelo, de modo que parecía completamente imposible escapar con vida del lance. Súbitamente experimentó una extraña sensación, como si la arrebatasen de entre la contienda, y hallóse completamente sola y salva en una callejuela paralela a la en donde ocurría el disturbio, cuyo rumor escuchaba distintamente. Absorta en el pensamiento de lo que le había sucedido estaba la señora, cuando irrumpieron en la callejuela dos o tres hombres escapados de la pelea, quienes, al verla, demostraron gran asombro y mucho placer, diciendo que, al notar la desaparición de la valerosa dama de en medio de la refriega, creyeron que verdaderamente la habían derribado al suelo.

No pudo la señora tener ulterior explicación del suceso y regresó confusa a su casa; pero al referírselo algún tiempo más tarde a la señora Blavatsky le dijo ésta que un Maestro habría enviado adrede a alguien para protegerla, en consideración a que por su karma estaba destinada a librarse de aquel peligro y emplear su vida en obras meritorias.

De todos modos, el caso es realmente extraordinario, no sólo por el gran poder ejercido, sino por la prodigiosa manera de ejercerlo. No es difícil suponer el *modus operandi*. La señora hubo de ser levantada en vilo por encima de las casas y colocada instantáneamente de pie sobre el pavimiento de la calle paralela; pero como su cuerpo físico no fué visible durante el transporte aéreo, es de suponer que lo cubriera un velo de materia etérea. Podrá objetarse que lo que oculta un cuerpo físico ha de ser también substancia física y por lo tanto visible; pero a esto replicaremos diciendo que, por un procedimiento muy familiar a los estudiantes de ocultismo, es posible desviar curvilíneamente los rayos de luz (que, según las leyes hasta hoy conocidas por la ciencia, sólo se emiten en línea recta, excepto cuando se refractan), de modo que después de pasar alrededor de un objeto, vuelvan a proseguir exactamente su primitiva dirección. De esto se infiere que, en semejantes condiciones, será un objeto absolutamente invisible para la mirada física hasta que los rayos lumínicos se restituyan a su normal trayectoria. Estoy completamente convencido de que bastará esta sola hipótesis para que los actuales hombres de ciencia diputen por absurda mi explicación; pero yo me limito a exponer una posibilidad natural que sin duda descubrirá la ciencia del porvenir, y quienes no sean estudiantes de ocultismo deben esperar hasta entonces la corroboración de mi teoría. Como he dicho, el procedimiento será de fácil comprensión para quienes conozcan una mínima parte de las ocultas fuerzas de la naturaleza; pero el hecho es eminentemente dramático, y si me fuera lícito publicar el nombre de la protagonista, tendrían los lectores una fianza cierta de veracidad.

Sin embargo, estos casos referentes a lo que comúnmente se llama *mediación angélica*, sólo dan incompleta muestra de la actividad de nuestros protectores invisibles. Pero antes de considerar otras actualizaciones de su labor interventora, conviene que tengamos exacta idea de los diversos órdenes de entidades a que pueden pertenecer estos protectores.

CAPITULO IV

LOS PROTECTORES

Varias de las muchas clases de habitantes del plano astral pueden concedernos su protección, que de este modo procederá alternativamente de los devas, de los espíritus elementales o de aquellos a quienes llamamos muertos, así como también de los que en vida actúan conscientemente en el plano astral, sobre todo los Adeptos y sus adoctrinados. Pero si examinamos la cuestión más detenidamente, veremos que aunque todos los referidos órdenes puedan tomar, y algunas veces tomen, parte en las tareas protectoras, es tan inalícuota su participación en ellas, que casi debemos comprenderlos en una sola clase.

El hecho indudable de que esta obra de protección se realiza desde el plano astral o más allá de él, entraña en sí mismo toda explicación. Quienquiera que tenga idea, siquier débil, de lo que son las fuerzas sometidas a la voluntad de un Adepto, comprenderá que si éste funcionase en el plano astral, le fuera necesario malgastar tanta energía como si un físico eminente desperdiciara el tiempo en machacar la grava de un camino. La obra del Adepto tiene su ambiente en elevadas esferas y con más solencia en el nivel arúpico del plano devachánico o mundo celeste, desde donde, enfocando sus energías, puede influir en la verdadera individualidad del hombre y no únicamente en la personalidad, que fuera el solo fin asequible en los planos astral y físico. El vigor que el Adepto explaya en aquel excelso reino, produce resultados mucho mayores, más trascendentes y duraderos que los que pudiera alcanzar desplegando décuple fuerza en los planos inferiores. El trabajo elevado es el único que puede realizar cumplidamente, mientras que el comenzado fuera de su propia esfera, han de terminarlo aquellos que huellan los primeros peldaños de la celestial escala por la que algún día ascenderán a las alturas en donde el Adepto mora.

La misma consideración es aplicable al caso del deva, cuya labor parece que no tenga en su mayor parte relación alguna con la humanidad, a causa de que pertenecen a un empíreo de naturaleza mucho más elevada que el nuestro; y aun aquellos de entre sus varios órdenes, que a veces se compadecen de nuestras miserias y responden a nuestras impetraciones, antes actúan para ello en el plano mental o devachánico que en los astral y físico, prefiriendo para ello los períodos entre las encarnaciones, a los de las vidas terrenas.

Conviene recordar que algunos de estos casos de protección supranormal fueron observados durante las investigaciones acerca de los niveles del plano devachánico, emprendidas cuando estaba en preparación el manual concerniente a la materia.

Entre los casos observados, vale citar el de un corista, a quien un deva le enseñó un canto celeste de maravillosa melodía; y el de un astrónomo a quien otro deva de distinta categoría que el del primer caso, ayudó en sus empeñados estudios sobre la forma y estructura del universo.

Estos dos ejemplos son muestra de los muchos casos en que del vasto empíreo de los devas fluyeron auxilios para el progreso de la evolución humana y respuestas a las aspiraciones del hombre después de la muerte.

Por otra parte, medios hay de conseguir que estos elevados seres se acerquen a nosotros y nos comuniquen infinidad de conocimientos, si bien lograríamos más prontamente este interloquio alzándonos a su plano, que invocándolos para que desciendan hasta nosotros.

El deva interviene muy raras veces en los sucesos ordinarios de nuestra vida mortal, pues está tan plenamente ocupado en las sublimes tareas de su propio plano, que con dificultad se da cuenta de lo que sucede en el físico; y aunque a veces se llegue a percatar de alguna aflicción o miseria humana que excite su piedad y le incite a conceder su auxilio en algún modo, reconoce previsoramente que en el actual período de evolución produciría semejante auxilio muchísimos más males que bienes en la inmensa mayoría de los casos.

Indudablemente, hubo una época en la infancia de la humanidad, durante la cual recibieron los hombres más frecuente protección del cielo que en nuestros días. Los Budas y Manús de entonces, y aun los maestros y guías menores, procedían de la cohorte de los devas o de la perfeccionada humanidad de otro planeta más adelantado, debiendo tan excelsos seres dar al hombre la protección de que tratamos. Pero, según progrese el hombre, llegará a ser por sí mismo apto para actuar de protector, primero en el plano físico y después en los más elevados; y alcanzando entonces la humanidad el grado de perfeccionamiento en que pueda proveer y prever por sí misma, esos protectores invisibles quedarán libres para cumplir las más útiles y elevadas tareas de que sean capaces.

De esta manera se comprende que la protección a que nos referimos provenga precisamente de hombres y mujeres sitos en cierto grado de su evolución, pero no de los Adeptos cuya aptitud se aplica a más provechosas y trascendentales obras, ni de los ordinarios seres carecientes de cierto desarrollo espiritual que no fueran capaces de utilizar.

Tal como debíamos inferir de estas consideraciones, vemos que la acción protectora en el plano astral y en los mentales inferiores, pertenece principalmente a los aleccionados por los Maestros, a hombres que, todavía distantes del Adeptado, se han desenvuelto hasta el punto de actuar conscientemente en dichos planos.

Algunos de ellos alcanzaron el último peldaño que sirve de eslabón entre la conciencia física y la de más altos niveles, teniendo por lo tanto la indudable ventaja de recordar en estado de vigilia lo que hicieron y aprendieron en otros mundos; pero también hay muchos que aún cuando incapaces de dilatar su conciencia hasta el punto de conservarla constantemente, no por eso desperdician las horas en que ellos creen que duermen, sino que las emplean en nobles y altruistas obras en provecho del prójimo.

Antes de considerar lo que estas obras sean, examinemos una objeción muy frecuentemente suscitada con respecto a ellas, tratando al mismo tiempo de los raros casos en que los agentes protectores son ya espíritus elementales, ya hombres que lograron separarse de su cuerpo físico.

Las gentes con escaso e incompleto caudal de conocimientos teosóficos, dudan a menudo de si les será permitido auxiliar a quienes estén en aflicción o trabajo, por recelo de que su auxilio quebrante el destino decretado en suprema justicia por la eterna ley del karma. Dicen ellos: "Tal hombre se halla en tal estado, porque lo merece. Sufre actualmente las naturales consecuencias de alguna falta cometida anteriormente: ¿qué derecho tengo de perturbar la acción de la gran ley cósmica, con mi intento de mejorar su situación, ya sea en el plano astral, ya en el físico?"

Los que de este modo arguyen, exponen inconscientemente un concepto monstruoso, porque su proposición implica dos extravagantes presunciones: primera, que saben perfectamente lo que es el karma de otro hombre y por cuanto tiempo han de durar sus sufrimientos; y segunda, que ellos, los insectos de un día, pueden preinterpretar en absoluto la ley cósmica e impedir por la acción de ellos el debido cumplimiento del karma. Podemos estar muy seguros de que las grandes divinidades kármicas son perfectamente capaces de obrar sin nuestro auxilio, y no hemos de temer que cualquier determinación que tomemos les ocasione la más leve dificultad o embarazo.

Si el karma de un hombre fuese tal que no permitiera auxiliarle, entonces todos nuestros esfuerzos, por bien dirigidos que estuviesen, serán inútiles aunque con ello pudiéramos obtener un buen karma para nosotros mismos. Lo que el karma de un hombre pueda ser, no es cuenta nuestra y debemos, por lo tanto, ayudarle con todo ahinco. La acción auxiliadora nos pertenece; pero los resultados están en otras y más excelsas manos. ¿Cómo podemos saber el estado en que se halla la cuenta espiritual de un hombre? Tal vez en aquel punto acaba de terminar su karma penoso y se halla en el verdaderamente crítico de necesitar protección que le ayude a sobreponerse a sus angustias; ¿por qué no hemos de tener nosotros, en vez de otros, el placer y la prelación de llevar a cabo tan buena obra? Si podemos protegerle, esta sola posibilidad nos demuestra por sí misma que merece protección; pero si no lo intentamos, jamás lo conoceremos. En todo caso se cumplirá la ley del karma con nuestra mediación o sin ella, y, por lo tanto, no debemos conturbarnos en este punto.

Pocos son los casos en que la protección dimana de los espíritus elementales. La mayoría de estos seres se alejan de los lugares frecuentados por los hombres, para evitar el disgusto que les produce el ruido y desasosiego peculiares a los sitios en que mora el hombre. Por otra parte, a excepción de los de más elevada categoría, son generalmente inconstantes e irreflexivos, pareciéndose más bien a chiquillos que juegan deleitosamente en buen estado de salud, que a entes graves y reposados. Puede suceder a veces, que alguno de ellos se adhiera a un ser humano y le proteja en ciertos casos; pero en el actual estado de la evolución de esos espíritus elementales, lógico es deducir que de ningún modo cooperan a la obra de los protectores invisibles.

Para el más detenido estudio de los espíritus elementales remitimos al lector a nuestro manual que trata de este asunto.

La protección puede provenir en ocasiones de los recién fallecidos que todavía limbean en el plano astral y siguen en contacto mediato con los sucesos terrestres, como probablemente tuvo efecto en el referido caso de la madre que salvó a sus hijos del precipicio. Sin embargo, fácilmente se comprende que han de ser muy raros los casos de esta especie de protección, pues por abnegada y caritativa que sea una persona, lo menos probable es que, después de la muerte, se entretenga con plena conciencia en los niveles inferiores del plano astral desde los cuales es más accesible la tierra. En todo caso, a menos que fuese un malvado impenitente, estará en el reino desde donde toda mediación habrá de ser relativamente corta; y aunque desde el mundo celeste pueda todavía derramar su benéfico influjo sobre aquellos a quienes amó en la tierra, más bien tendrá este influjo carácter de bendición general que de fuerza capaz de determinar definitivos resultados en casos particulares como los que hemos considerado.

Por otra parte, muchos de los idos que desean proteger a los aquí quedados, se ven completamente incapaces de dispensarles su protección en modo alguno, porque para actuar desde un plano sobre un ser sito en otro, es necesario que el último tenga exquisita sensibilidad o que el primero sea suficientemente instruído y hábil. Sin embargo, aunque ocurran apariciones momentáneas de recién fallecidos, es raro el caso en que hayan tenido utilidad o éxito en la intención que el aparecido llevaba sobre el pariente o amigo a quien se apareció. Naturalmente, hay algunos casos en que podemos comunicarnos; pero son los menos en comparación con el gran número de apariciones.

Así que en vez de recibir nosotros protección de los muertos, sucede más comúnmente que sean ellos quienes estén necesitados de auxilio más bien que en disposición de prestárselo a otros. Por lo tanto, la principal parte de la acción correspondiente a esta esfera pertenece a las personas que en vida son capaces de funcionar conscientemente en el plano astral.

CAPITULO V

REALIDAD DE LA VIDA SUPRAFÍSICA

A quienes sólo estén acostumbrados a las vulgares y un tanto materialistas ideas del siglo, les parecerá difícil el realizar la condición de plena conciencia fuera del cuerpo físico. Todo cristiano, cualquiera que sea su secta, está obligado a creer en la existencia del alma; pero si le indicamos la posibilidad de que esta alma pueda tener realidad visible fuera del cuerpo, bajo determinadas condiciones, el noventa por ciento responderán desdeñosamente diciendo que no creen en almas, porque semejante idea es tan sólo una reminiscencia de las vanas supersticiones medievales.

Si no obstante apreciáramos tan sólo en mínima parte la obra de las cohortes de protectores invisibles y aprendiéramos a corresponder a ella, nos libraríamos de las trabas opuestas por las ideas dominantes en este punto y trataríamos de alcanzar la gran verdad (ya evidente para muchos de nosotros) de que el cuerpo físico es sencillamente el vehículo o vestidura del hombre real. El cuerpo se desecha para siempre al morir; pero también puede dejarse temporalmente cada noche durante el sueño; porque dormir no es otra cosa que actuar el verdadero hombre en su cuerpo astral, fuera del físico.

Vuelvo a repetir que esto no es mera suposición ni tampoco ingeniosa hipótesis. Muchos de nosotros somos capaces de realizar cotidianamente, con plena conciencia, este acto de magia elemental, pasando a voluntad de uno a otro plano. Es evidente que a quienes tal realizan, debe de parecerles grotescamente absurda la irreflexiva afirmación de que es completamente imposible realizarlo. Sucede en esto lo mismo que si le dijésemos a un hombre que es imposible que se quede dormido, y que si cree dormir es porque está alucinado.

Ahora bien: el hombre que todavía no ha desenvuelto el eslabón entre las conciencias física y astral, es incapaz de salir voluntariamente de su denso cuerpo orgánico, o por lo menos de recordar lo que le ha sucedido fuera de él; pero no obstante, cierto es el hecho de que lo abandona cada vez que duerme y que los clarividentes pueden notar la presencia del espíritu flotante sobre el cuerpo o vagando en torno de él a mayor o menor distancia según el caso.

El espíritu que carece de todo grado de desenvolvimiento, permanece comúnmente flotando informe muy cerca de su cuerpo físico, poco menos dormido que éste, como entre soñoliento, no siendo posible apartarlo de la inmediata vecindad del cuerpo físico, sin riesgo de producir una turbación que lo despierte. Según evoluciona el hombre, su cuerpo astral va definiéndose con mayor conciencia y llega a ser su más cómodo vehículo. En las personas instruídas y cultas es ya muy considerable el grado de conciencia, y por poco desarrollo espiritual que un hombre tenga, se halla tan en sí mismo en el cuerpo astral como en el físico. Pero aunque durante el sueño sea plenamente consciente en el plano astral y capaz de moverse en él a su albedrío, no infiere aún que está en disposición de sumarse a la cohorte de protectores. Muchos de los que se hallan en aquella situación psíquica, están de tal modo aferrados a su círculo de pensamientos (generalmente continuación de los iniciados en las horas de vigilia), que se parecen a los hombres cuya atención, abstraída en un solo ensueño, los separa de cuanto sucede alrededor. En cierto modo conviene que así sea, porque en el plano astral hay no algo, sino mucho espantoso y amedrentable para quien carece del valor provinente del pleno conocimiento de la verdadera naturaleza de cuanto pueda ver.

Algunas veces llega el hombre a salir gradualmente por sí mismo de esta inferior condición y despierta en el mundo astral, viéndolo tal como es; pero por lo común permanece en estado de soñolencia, hasta que algún activo le coge por la mano y lo despierta. Sin embargo, no debe tomarse muy a la ligera esta responsabilidad, porque si es relativamente fácil lograr que un dormido despierte en el plano astral, no hay medio práctico de restituirlo al estado de sueño físico sino por la nociva acción de la influencia mesmérica. Así es que antes de que un activo despierte a un dormido, debe aquel estar plenamente convencido de que éste se halla en disposición de dar buen empleo al sobreañadido poder que ha de ponerse en sus manos, y tambien de que sus conocimientos y su valor son fianza de que ningún daño ha de sobrevenirle como resultado de su acción.

Este despertar así realizado, pondrá al hombre en potencia de unirse, si quiere, a la cohorte de los protectores de la humanidad; pero hemos de tener muy en cuenta que esto no implica necesaria ni aun contingentemente la facultad de recordar durante la vigilia lo que se hizo en el sueño. Esta facultad ha de adquirirla el hombre por sí mismo, y en la mayor parte de los casos no llega a poseerla hasta años después y quizá ni en toda la vida. Felizmente, este vacío de memoria cerebral no impide en modo alguno la acción fuera del cuerpo físico; así es que ello sólo tiene importancia para la satisfacción de que un hombre conozca en vigilia las obras en que se empleó durante el sueño. Lo verdaderamente importante es que la obra se realice aunque no la recordemos.

CAPITULO VI

INTERVENCIÓN OPORTUNA

A pesar de su variedad, toda actuación en el plano astral converge a impulsar, si bien en débil grado, el proceso evolutivo de la raza. Ocasionalmente se relaciona con el desenvolvimiento de los mundos inferiores, que es posible acelerar ligeramente bajo determinadas condiciones. Nuestros preceptores Adeptos reconocen distintamente un deber hacia los mundos elemental, vegetal y animal, cuyo progreso en algunos casos sólo se efectúa por medio de sus relaciones con el hombre. Pero naturalmente, la mayor y más importante parte de esta acción está relacionada, de uno u otro modo, con el género humano. Los servicios prestados son de muchas y varias clases, aunque principalmente concernientes al desarrollo espiritual del hombre, pues como al principio dijimos, son rarísimas las mediaciones con objeto material. No obstante, pueden suceder ocasionalmente, y por más que mi deseo fuera mostrar la posibilidad de prestar auxilio mental y moral a nuestros prójimos, tal vez convenga exponer dos o tres ejemplos en que amigos míos auxiliaron materialmente a quienes estaban en extrema necesidad, a fin de ver por esos ejemplos, cómo concuerda la experiencia de los protectores con el relato de los protegidos. Estos ejemplos pertenecen al orden de los que comúnmente se llaman "sucesos providenciales".

Durante la última sublevación de los matabeles, uno de nuestros consocios fué enviado en comisión de salvamento, lo cual, dicho sea de paso, puede servir como una muestra de los medios de ejercer protección sobre este mundo inferior. Según parece, cierto labriego y su familia, habitantes en aquel país, estaban una noche durmiendo tranquilamente en imaginada seguridad y del todo ajenos a que, cerca de allí, implacables hordas de salvajes enemigos estaban emboscados ideando infernales arterías de muerte y depredación. Nuestro consocio llevaba el encargo de infundir en la dormida familia el sentimiento del terrible peligro que tan inadvertidamente la amenazaba, pero no veía manera fácil de cumplirlo. Inútilmente trató de suscitar en el cerebro del colono la idea del inminente peligro, y como la urgencia del caso requería medidas extremas, resolvió nuestro amigo materializarse lo suficiente para sacudir por el brazo a la esposa del labriego e incitarla a levantarse y mirar en torno. Desvanecióse nuestro amigo en cuanto vió que había logrado su intento, y la mujer del labriego ignora todavía *quién* de sus vecinos la despertara tan oportunamente para salvar la vida de toda la familia que, sin aquella misteriosa intervención, hubiera sido asesinada en sus camas hora y media más tarde. No comprende aún la buena mujer cómo el compasivo vecino pudo protegerla en aquella ocasión, estando cuidadosamente atrancadas todas las puertas y ventanas de la granja.

Al verse tan bruscamente despertada, creyó la labriega que había soñado. Sin embargo, se levantó de la cama y exploró la granja para convencerse de que todo estaba en su sitio, siendo gran fortuna el que así lo hiciese, pues si bien nada notó de anormal en las puertas, echó de ver, en el momento de abrir un póstigo, que el cielo estaba enrojecido por efecto de un lejano incendio. Despertó entonces a su marido y familia, pudiendo refugiarse, gracias a este oportuno aviso, en el poblado próximo, a donde llegaron en el preciso momento en que los salvajes arrasaban los campos y destruían la granja, aunque contrariados por no hallar la presa humana que esperaban. Puede el lector imaginarse la emoción que experimentaría nuestro consocio, al leer algún tiempo después en los periódicos la providencial salvación de aquella familia.

CAPITULO VII

HISTORIA DE UN ÁNGEL

Otro caso de intervención en el plano físico ocurrió hace poco tiempo, aunque esta vez sólo tuvo por objeto la salvación de una vida humana. Pero digamos antes unas cuantas palabras a modo de preliminar. En la cohorte de protectores que planea sobre Europa, hay dos que fueron hermanos en el antiguo Egipto y que todavía están estrechamente ligados uno a otro. En su actual encarnación hay entre ellos mucha diferencia de edad, pues mientras uno promedia la vida, el otro es aún niño por lo concerniente al cuerpo físico, aunque un ego de considerable perfeccionamiento y grandes esperanzas. Naturalmente, corresponde al mayor conducir y guiar al menor en la oculta tarea a que tan cordialmente se entregan, y como ambos son plenamente conscientes y activos en el plano astral, emplean la mayor parte del tiempo, durante el sueño de sus cuerpos físicos, en trabajar bajo la dirección de su común Maestro, dando a vivos y muertos toda la protección de que son capaces.

Supliré la relación pormenorizada del caso con la copia de una carta escrita por el mayor al menor, inmediatamente después del sucedido, pues la descripción que se da en ella es más viva y pintoresca que el relato que pudiera hacer un tercero.

"Buscábamos nueva labor cuando de pronto exclamó Cirilo: "¿Qué es eso?" Habíamos oído un terrible grito de angustioso horror. En un instante nos trasladamos al lugar de donde partiera y vimos un niño de once a doce años que se había caído de una peña y estaba muy malparado con una pierna y un brazo rotos; y lo que todavía era peor, con una horrenda herida en el muslo, por la que salía la sangre a borbotones. Cirilo exclamó: "Déjamelo curar en seguida, porque si no va a morir".

"En circunstancias semejantes es necesaria la rapidez del pensamiento. Dos cosas era posible hacer: cortar la hemorragia y procurar asistencia médica. Para ello era preciso que yo o Cirilo nos materializáramos, porque teníamos necesidad de manos físicas, no sólo para atar las vendas, sino además para que el infeliz muchacho viese a alguien junto a él en tal peripecia. Yo conocía que si por una parte estaría el herido más a su gusto con Cirilo que conmigo, por otra, sospechaba que me sería más fácil a mí que a Cirilo el prestarle auxilio. La división de la tarea era evidente.

"El plan se realizó a la perfección. Materialicé a Cirilo instantáneamente (pues él no sabía aún efectuarlo por sí mismo) y le sugerí la idea de que tomase el pañuelo que el herido llevaba al cuello y se lo atara vendado al muslo con dos vueltas. "¿No le haré sufrir terriblemente?", repuso Cirilo; pero hizo lo que yo le ordenaba y se contuvo la hemorragia. El herido parecía medio inconsciente y apenas podía balbucir palabra; pero contemplaba en su mutismo la refulgente aparición que sobre él se inclinaba y preguntó: "¿Sóis un ángel, señor mío?" Cirilo sonrió levemente y respondió: "No; soy un niño que ha venido en tu auxilio." Entonces dejé que le consolase y fuíme en busca de la madre del niño, que vivía a una milla de distancia.

"No puedes imaginarte el trabajo que me costó infundir en aquella mujer la idea de que sucedía una desgracia y persuadirla a inquirir cuál pudiera ser. Por fin dió de mano al utensilio de cocina que estaba limpiando y exclamó en alta voz: "¡Ay! No sé lo que me pasa, pero siento como si me excitaran a ir en busca del chico." Ya puesta en sobresalto, pude guiarla sin gran dificultad, por más que al mismo tiempo tenía que sostener la materialización de Cirilo con mi fuerza de voluntad, a fin de que no se desvaneciera la visión angélica de los ojos del herido.

"Tú sabes que al materializar una forma mudamos la materia de un estado en otro transitoriamente opuesto, por decirlo así, a la ley cósmica; y que si distraes de ello la atención por medio segundo, vuelve a su prístina condición con la instantaneidad del relámpago. Así yo no podía atender sino a medias a la mujer; más no obstante la conduje como pude, y apenas llegó al pie de la peña, hice que desapareciera Cirilo, no sin que ella pudiese verlo, y desde entonces tiene la aldea entre sus más hermosas tradiciones la de la mediación de un ángel en aquel memorable suceso.

"Ocurrió el accidente por la mañana temprano, y aquella misma tarde observé desde el plano astral lo que sucedía en casa del lisiado. El pobre niño yacía en la cama muy pálido y débil con los rotos huesos de pierna y brazo ya en su sitio y vendada la ancha herida, pero con seguro pronóstico de recobrar la salud. Junto a él estaban la madre y gran golpe de vecinos a quienes ella refería el caso de modo que por conseja tomara la relación quien conociese la verdad de los hechos.

"En atropellada frase explicó ella como había tenido la presunción de la desgracia por la idea que de repente le sobrevino de que al chico le pasaba algún percance y que por lo tanto debía ir en su busca; como al principio, creyéndose presa de la alucinación pasajera, trató de desechar la idea, pero que por fin se resolvió a escuchar el aviso. También refirió que, sin darse cuenta de ello, se había dirigido derechamente a la peña en vez de tomar por otro camino, y que al descubrir el paraje, halló a su hijo caído contra una roca, viendo que arrodillado junto a él estaba el más hermoso niño que hasta entonces imaginara, todo vestido de blanco, resplandeciente como un sol, con mejillas de rosa, ojos negros y sonrisa de ángel. Que en aquel punto había desaparecido súbitamente el niño, dejándola por de pronto sin saber qué pensar; pero que luego conoció quién era y cayó de rodillas dando gracias a Dios por haberle enviado un ángel en socorro de su pobre hijo. Prosiguió relatando cómo al levantarlo para llevárselo a casa, quiso quitarle el pañuelo que le vendaba la pierna; pero él no lo consintió en manera alguna, diciendo que el mismo ángel se lo había vendado. Tambien contó que poco después de llegar a casa había declarado el cirujano que de desatar la venda hubiera muerto el niño sin remedio.

"Después repitió las manifestaciones del herido, asegurando que en el momento de acercársele el ángel (presumía que era un ángel porque desde la cima de la peña no había visto a nadie en media milla a la redonda, aunque no podía comprender por qué no tenía alas ni por qué le había dicho que sólo era un niño) le había levantado de la peña y vendándole la pierna, diciéndole entonces que estuviera tranquilo, porque ya habían ido a avisar a su madre, que llegaría sin tardanza; de cómo le había besado, prodigándole consuelos, y cómo su blanda y tibia manecita le sostuvo durante todo aquel rato, mientras le contaba hermosas y maravillosas narraciones de las que tan sólo podía recordar que eran muy conmovedoras, porque casi se olvidó de que estaba herido hasta la llegada de su madre; cómo entonces el ángel le prometió que pronto volverían a verse, y sonriendo y estrechándole la mano desapareció instantáneamente.

"Desde aquel día se inició una enérgica reacción religiosa en la aldea. El párroco les dijo a sus feligreses que aquella prueba de la intervención de la Providencia divina era un aviso para que no se burlaran de las cosas santas y además una prueba de la verdad de las Sagradas Escrituras y de la religión cristiana. Nadie echó de ver, sin embargo, el extraño concepto que implicaba tan peregrina afirmación.

"Pero en el niño el efecto del suceso fué

indudablemente provechoso, tanto moral como físicamente; pues según se sabe había sido hasta entonces muy aficionado a escapatorias atrevidas; pero ya conoce que *su ángel* puede acercársele en toda ocasión, y se guardará muchísimo de decir o hacer cosa alguna deshonesta, vil o iracunda, por temor de que pudiese verle u oirle. Su mayor anhelo es de que llegue el día de contemplarlo otra vez, y presiente que su amable rostro será el primero con quien al morir se encuentre más allá del sepulcro."

Verdaderamente es hermoso y patético caso. La moral inferida del suceso por los aldeanos y su párroco, tal vez no pueda servir de ejemplo; pero la evidencia de que existe algo más allá de este mundo físico, debe contribuir sin duda a que las gentes sean más buenas que malas, y sobre todo, contribuirá a ello la afirmación de la madre al asegurar que vió un ser real y verdadero, aunque de tener más sólidos conocimientos, tal vez se hubiera expresado de distinto modo.

Un interesante pormenor, descubierto después en sus investigaciones por el autor de la carta, da luz sobre los motivos del suceso. Supo que los dos niños habían vivido en la tierra, algunos miles de años antes, siendo el despeñado esclavo del otro, y que como aquél salvara en cierta ocasión la vida de su amo con riesgo de la propia, le había concedido la libertad en recompensa; y que ahora, al cabo de luengos siglos, el dueño no sólo satisfacía la deuda cumplidamente, sino que infundía en su antiguo esclavo un elevado concepto de la vida y un estímulo a la moralidad de conducta que de fijo había de alterar favorablemente el proceso de su futura evolución.

Tan verdad es que no hay obra buena sin recompensa en el karma, aunque pueda parecer tardía en su acción. *Aunque los molinos de Dios muelan lentamente, todavía muelen demasiado poco; pues aunque con paciencia esperen, exactamente lo muelen todo.*

CAPITULO VIII

HISTORIA DE UN INCENDIO

Otra labor realizada por el mismo niño Cirilo ofrece casi exacto parecido con el caso ya relatado en las primeras páginas de este libro.

Cirilo y su amigo mayor iban una noche en prosecución de su acostumbrada tarea, cuando vislumbraron la lívida claridad de un violento incendio y prontamente se interrogaron si podrían prestar algún auxilio.

Una gran hostería estaba ardiendo; una vasta construcción rectangular levantada a orillas de un extenso lago. Tenía el edificio muchos pisos y por tres lados de su fachada daba a un jardín, mientras que el cuarto miraba al lago. Las dos alas extendíanse derechamente hacia éste, y la fila más alta de ventanas casi proyectaban sobre el agua, dejando sólo un estrecho alero bajo ellas a uno y otro lado.

El frente y las alas tenían escaleras interiores, con los correspondientes huecos para los ascensores, de modo que una vez declarado el incendio se extendió con increíble rapidez, y antes de que nuestros amigos lo percibieran desde el plano astral, ardían ya los pisos intermedios de los tres cuerpos del edificio. Afortunadamente todos los moradores, menos un niño de pocos años estaban en salvo, aunque algunos de ellos con muy graves quemaduras y contusiones.

El pobre niño quedó olvidado en una de las estancias superiores del ala izquierda, porque sus padres se habían ido al baile y, naturalmente, nadie se acordó de él hasta última hora. El fuego era tan terrible en el piso medianero de aquella ala, que nada podía hacerse aunque alguien se hubiese acordado del niño, cuyo dormitorio daba al jardín y estaba ya aislado por el fuego. Además, el niño no se dió cuenta del peligro, a causa de que el denso y sofocante humo que gradualmente invadía la alcoba, fué sumiéndolo en sueño más y más profundo, hasta que al fin quedó aletargado.

En esta crítica situación lo descubrió Cirilo, quien parecía sentir especial predilección por la infancia en necesidad o en peligro. Primeramente trató de que la gente se acordase del niño, pero en vano; y como por otra parte hubiera sido muy difícil que ni aun acordándose de él pudieran socorrerle, comprendió muy luego Cirilo que aquello era desperdiciar el tiempo. El compañero mayor materializó entonces a Cirilo en la estancia, estimulándole a que tratara de despertar al casi aletargado niño. Con mucha dificultad lo consigió al fin en algún modo; pero el niño continuaba medio atontado, sin darse cuenta de lo que sucedía, de suerte que fué necesario empujarle hacia fuera y sostenerle a cada paso.

Los dos niños salieron de la alcoba al pasillo central que bordeaba el ala; pero como notasen que el humo y las llamas avanzaban por el piso impidiendo el paso de un cuerpo físico, volvió Cirilo a entrar con el niño en la estancia, saltando por la ventana al alero de piedra como de treinta centímetros de ancho que se extendía derechamente a lo largo de la pared casi al mismo nivel de la línea de ventanas. El guía condujo al niño por este alero, balanceándose en el borde exterior y casi flotando en el aire, pero constantemente al lado del niño, a fin de que por miedo de caer no le sobreviniese un vértigo.

Hacia el extremo del edificio más próximo al lago, en donde el incendio no era tan violento, zanquearon una ventana volviendo otra vez al corredor central con esperanza de hallar expedita la escalera del hotel en aquel tramo; pero desgraciadamente estaba invadida también por las llamas y el humo, viéndose precisados a deslizarse a lo largo del corredor, previniendo Cirilo a su compañero que se arrastrase boca contra el suelo hasta alcanzar la caja enrejillada del ascensor, instalado en el hueco correspondiente al centro del edificio.

El ascensor estaba caído, como es de suponer; pero ellos lograron descender apoyándose en el enrejado interior de la caja hasta llegar a la techumbre del ascensor. Allí se encontraron como presos; pero afortunadamente Cirilo vió abierta una puerta de acceso que daba a una especie de entresuelo inmediatamente encima del piso bajo. Por aquella puerta salieron a un corredor que atravesaron felizmente, aunque el niño estaba medio asfixiado por el humo. De allí siguieron por uno de los salones opuestos, y finalmente, trepando por la ventana, se encontraron sobre la marquesina que se extendía a lo largo de la fachada, a poca altura del piso llano. Fácil les fué entonces deslizarse a lo largo de uno de los montantes de la marquesina hasta el jardín; pero aun allí era muy intenso el calor y corrían peligro de que se desplomasen las paredes. Así es que Cirilo trató de conducir al niño hasta el extremo de una de las alas y de allí al de la otra; pero en ambas partes el estrecho saledizo estaba obstruído por las llamas.

Por fin se refugiaron en una de las barquichuelas de recreo amarradas a los escalones que desde una especie de muelle en el lago conducían al pie del jardín, y desatándola se vieron bogando sobre las aguas.

Cirilo trató de remar hasta más allá del ala incendiada para desembarcar al niño ya en salvo; pero apenas habían adelantado poco trecho cuando un vaporcito que surcaba el lago, los vió merced al resplandor del incendio que iluminaba la escena como en claro día. El vapor llegó junto al bote para transbordar a los que suponía necesitados de auxilio; pero en vez de los dos muchachos que los tripulantes habían visto desde a bordo, sólo encontraron uno, porque Cirilo desapareció por voluntad de su compañero que disipó la densa materia en que lo había envuelto para darle transitoriamente un cuerpo material, y era, por lo tanto, invisible en aquel entonces.

Los que iban en el vaporcito inquirieron cuidadosamente por todas partes, sin hallar rastro del otro niño; de lo que infirieron que debía haberse caído al agua ahogándose en el mismo instante de acercarse el vapor al bote. El niño salvado cayó en síncope tan luego como se vió a bordo; así que no fué posible obtener de él, por de pronto, noticia alguna, y cuando volvió en sí no dijo más sino que había visto al otro niño en el momento de acercarse el vapor, pero que ya no recordaba nada más desde aquel punto.

El vapor estaba fletado para un paraje distante dos días marinos, y pasó una semana antes de que el niño pudiera ser restituído a sus padres, quienes lo creían abrasado en el incendio, pues aunque el compañero de Cirilo trató de sugerirles la idea de que el niño estaba en salvo, le fué imposible lograrlo, y así cabe imaginar la inmensa alegría que el reencuentro les produjo.

El niño vive todavía sano y dichoso sin cansarse nunca de relatar su maravillosa aventura. Muchas veces ha mostrado pesadumbre de que su amable salvador hubiese perecido tan misteriosamente en el preciso momento de esquivar todo peligro. Sin embargo, de cuando en cuando le asalta la idea de que tal vez no murió en la coyuntura, sino que bien pudo ser algún hermoso duende; pero, naturalmente, esta idea sólo arranca una sonrisa de tolerante superioridad en sus padres.

El eslabón kármico entre el niño y su salvador no está aún descubierto; mas sin duda debe de haber alguno.

CAPITULO IX

MATERIALIZACIÓN Y REPERCUSIÓN

Ante un caso como el referido, preguntarán tal vez los estudiantes si el protector invisible permanece enteramente inmune entre tan violentos peligros; si, por ejemplo, el niño materializado con propósito de salvar de las llamas a otro, no se arriesgó también al daño; o si su cuerpo físico hubiera sufrido en algún modo por la repercusión en caso de que la forma materializada atravesara las llamas o cayera desde el alero por el cual andaban tan descuidadamente. En una palabra: sabiendo que en muchos casos el ligamen entre una forma materializada y su cuerpo físico es suficientemente fuerte para determinar repercusión, ¿no hubiera podido ocurrir en este caso?

Ahora bien: lo referente a la repercusión es

tan sumamente difícil y abstruso, que no podemos explicar satisfactoriamente sus extraños fenómenos, porque para comprender perfectamente este asunto, fuera tal vez necesario conocer las leyes de vibración simpática en más de un plano. No obstante, conocemos por observación algunas de las condiciones en que se realiza y otras que absolutamente la impiden, creyendo, por lo tanto, no engañarme al asegurar que la repercusión fué rigurosamente imposible en el caso del incendio.

Para convencernos de ello recordemos que por lo menos hay tres variedades perfectamente distintas de materialización, según sabe quienquiera que tenga alguna práctica de espiritualismo.

No trato de entrar en este momento en explicaciones de cómo se producen respectivamente dichas variedades, pero haré constar simplemente su indudable existencia, conviene a saber:

1.° La materialización tangible y no visible a los ojos físicos. A esta variedad corresponden las manos invisibles que tan a menudo asen por el brazo, acarician o abofetean a los concurrentes a las sesiones espiritistas, golpean las mesas y cambian los objetos de sitio, aunque estas dos últimas clases de fenómenos pueden tener fácil efecto sin necesidad de manos materializadas.

2.° La materialización visible y no tangible;

por ejemplo, las formas espirituales o fantasmas a cuyo través pasa la mano de un hombre como a través del aire. En algunos casos esta variedad es evidentemente vaporosa e impalpable, pero en otros adquiere formas tan normales que no dudamos de su consistencia sólida hasta que tratamos de asirla.

3.° La materialización perfecta, a la vez visible y tangible, que no sólo aparece con realidad corporal y fisionómica, sino que nos habla y estrecha la mano con la voz y la presión de nosotros conocida.

Ahora bien: si por una parte tenemos gran número de evidencias demostrativas de que la repercusión ocurre bajo determinadas circunstancias en los casos de la tercera variedad de materialización, no es menos cierto que también puede ocurrir en las dos primeras. En el caso del niño protector es probable que la materialización no correspondiese a la tercera variedad, y de aquí el exquisito cuidado de no gastar más fuerza que la absolutamente precisa para obtener el resultado apetecido, pues evidente es que se necesitará menos energía en la producción de las formas parciales que hemos comprendido en las dos primeras variedades. Lo probable es que sólo fuese sensible al tacto el brazo con que el materializado niño sostenía a su pequeño compañero, y que el resto de su cuerpo, aunque perfectamente visible a los ojos físicos, hubiera sido mucho menos palpable si alguien lo tocara.

Pero además de esta probabilidad debemos considerar otro punto. Cuando ocurre la perfecta materialización, ya esté el materializado vivo o muerto, de uno u otro modo ha de condensarse la materia necesaria para ello. En una sesión espiritista se obtiene esta materia actuando sostenidamente sobre el doble etéreo del medium y aun algunas veces sobre su mismo cuerpo físico, y de aquí los casos en que el peso corporal menguó considerablemente mientras tenía efecto la manifestación medianímica.

Las entidades directoras de las sesiones emplean este método, sencillamente porque cuando algún buen medium se somete a su acción, es el más facilísimo modo de materialización, resultando en consecuencia que por la estrecha relación así establecida entre el medium y el cuerpo materializado, ocurren con toda claridad los fenómenos, muy imperfectamente conocidos todavía, que llamamos de repercusión. Por ejemplo, si se embadurnan de greda las manos del cuerpo materializado, resultarán también embadurnadas las manos del medium, aunque éste haya estado durante toda la prueba cuidadosamente encerrado en un cuarto con toda clase de precauciones para impedir en absoluto cualquier superchería. Si el cuerpo materializado recibe un golpe o una herida, repercuten exactamente en la correspondiente parte del medium; y algunas veces, como sucedió en un caso de mi personal experiencia, si el cuerpo materializado participa de algún manjar, se encuentra éste después en las vías digestivas del medium.

Sin embargo, el hecho ocurrió de muy distinta manera en el caso que anteriormente describimos. Cirilo estaba a miles de kilómetros de su dormido cuerpo físico y, por lo tanto, le hubiera sido imposible a su compañero mayor sustraerle materia etérica, aunque las reglas bajo que actúan todos los alumnos del gran Maestro de sabiduría, no prohibieran hacer tal en cualquier cuerpo que sea. Además, fuera completamente innecesario, porque los protectores, cuando les parece que con la materialización han de lograr su intento, emplean constantemente otro procedimiento muchísimo menos peligroso. Consiste en condensar el éter circunambiente o el mismo aire atmosférico que proporciona tanta cantidad de materia como el caso requiere. Este hecho escapa, sin duda al poder de las insconscientes entidades que se manifiestan en las sesiones espiritistas, pero ninguna dificultad ofrece a los estudiantes de química oculta.

La diferencia entre los resultados obtenidos es muy notable. En el caso del medium tenemos una forma materializada, en la más estrecha ligazón posible con el cuerpo físico, producida con materia de éste y susceptible, por lo tanto, de determinar todos los fenómenos de repercusión. En el caso del protector tenemos verdaderamente una reproducción exacta del cuerpo físico, pero formada, por un esfuerzo mental, de materia completamente extraña a aquel cuerpo y, por lo tanto, no más susceptible de obrar sobre él por repercusión que lo fuera una estatua de mármol de la misma persona. Así es que al atravesar las llamas o caer desde la ventana, no se hubiera asustado ni dañado al niño protector, como según veremos más adelante tampoco se atemorizó en cierta ocasión otro miembro de la fraternidad de protectores, que aunque materializado, fué capaz de sumergirse bajo las aguas en un naufragio sin detrimento de su cuerpo físico.

En los dos casos de intervención que del niño Cirilo dejamos expuestos, hemos advertido que era incapaz de materializarse por sí mismo, teniendo que realizar este acto su compañero mayor. Ahora vamos a relatar otra de sus intervenciones, en la que veremos cómo por intensidad de compasión y fuerza de voluntad llegó a ser capaz de mostrarse por sí mismo. Se echará de ver alguna semejanza entre este caso y el ya referido de la madre cuyo amor la hizo capaz de manifestarse por sí misma para salvar la vida de sus hijos.

Por inexplicable que parezca, no cabe duda alguna de la existencia en la naturaleza de este estupendo poder de la voluntad sobre la materia de todos los planos, hasta el punto de que con tal de que ese poder sea suficientemente grande, producirá cualquier resultado apetecible por su directa acción sin conocimiento alguno ni aun siquiera idea, por parte de quien lo ejerza, de cómo realiza su obra.

Nosotros hemos tenido copiosas evidencias de que este poder se ejerce sin dificultad y se sostiene muy bien en caso de materialización, aunque ordinariamente es un arte que debe aprenderse como otro cualquiera. Seguramente que un hombre inconsciente en el plano astral no logrará jamás materializarse sin aprendizaje previo, como el hombre inconsciente en el plano físico no podrá tocar el violín sin aprender antes; pero hay excepciones como inferiremos del siguiente relato.

CAPITULO X

LOS DOS HERMANOS

Pluma mucho más dramática que la mía relató este sucedido en *The Teosophical Review* de Noviembre de 1897, pág. 229, con una riqueza de pormenores que yo he de cercenar por falta de espacio. A ese relato quisiera remitir al lector, pues el mío sólo será un simple extracto tan conciso como lo permita la claridad. Los nombres de los personajes están cambiados; pero los incidentes conservan rigurosa exactitud.

Los actores son dos hermanos, hijos de un propietario rural: Lorenzo, de catorce años, y Gualterio, de once. Ambos de complexión sana y tipo varonil sin ninguna cualidad física extraordinaria, a no ser un buen caudal de sangre celta. Tal vez lo más saliente en ellos era la intensa ternura que mutuamente se profesaban, hasta el punto de no ir jamás uno sin otro, adorando el menor en el mayor con toda la vehemencia de su temprana edad.

Un día aciago cayó Lorenzo de la jaca que montaba, muriendo en el acto, y a Gualterio le pareció desde entonces que el mundo había acabado para él, porque su hermano lo llenaba todo. Fué tan honda y terrible la pena del niño, que perdió apetito y sueño, no sabiendo ya su madre ni su aya qué hacer para consolarlo, pues se mostraba sordo a toda persuación y a toda reprimenda. Cuando le decían que la pena que sentía era insensata porque su hermano estaba en el cielo, él respondía sencillamente que no tenía la seguridad de que así fuese, y que aun siendo cierto, estaba convencido de que Lorenzo no podía ser feliz en el cielo sin él, como él no podía serlo en la tierra sin Lorenzo.

En esta duda el pobre niño se moría de pena, y lo más patético era que, sin que él se diese cuenta de ello, su hermano estaba constantemente a su lado, con plena conciencia de la pena que le afligía, y casi desalentado por el fracaso de los repetidos intentos de tocarle o hablarle.

En esta deplorable situación estaban aun las cosas al tercer día de ocurrido el accidente, cuando, sin saber cómo, la atención de Cirilo se convirtió a los dos hermanos. "Precisamente acababa de pasar por allí",—dijo después Cirilo.—Seguramente el Señor de Misericordia le condujo al lugar de la escena. El pobre Gualterio yacía insomne y desolado por el recuerdo de las veces que su pobre hermano estuvo junto a él. Lorenzo, libre de las ligaduras de la carne, pudo ver y oir a Cirilo tan expeditamente, que lo primero que hizo éste fué adulcigarle la pena con promesa de amistad y protección para ponerle en comunicación con su hermano.

Tan luego como la mente del niño muerto quedó así animada por la esperanza, Cirilo concentró su atención en el vivo, tratando con todas sus fuerzas de sugerirle la idea de que su hermano estaba junto a él, pero no muerto, sino vivo y amoroso como hasta poco antes. Sin embargo, fracasó Cirilo en los intentos, porque la pena ofuscaba tan apáticamente el ánimo del pobre Gualterio, que ninguna sugestión podía disiparla, y el protector conoció que no debía proseguir por aquel camino. Pero tan profundamente le conmovió aquel triste espectáculo, tan ardiente fué su simpatía y tan resuelta su determinación de protegerle de una u otra manera, por mucho que le costase, que sin saber cómo (y aun hoy mismo lo ignora) se vió capaz de tocar y hablar al descorazonado niño.

Sin responder a las preguntas de Gualterio sobre quién era y cómo había llegado hasta allí, abordó Cirilo derechamente la cuestión diciéndole que su hermano estaba junto a él tratando penosamente de hacerle oir sus repetidas revelaciones de que no había muerto para siempre, sino que estaba vivo y anheloso de protegerle y cohonortarle. Gualterio se resistía a creer mostrándose refractario a la esperanza, pero vencidas al fin sus dudas por el insistente ahinco de Cirilo, exclamó: "¡Oh! Te creo porque eres bueno; pero si yo pudiera tan sólo ver a mi hermano, quedaría completamente convencido de lo que me dices; y si yo pudiese oir su voz, declarándome que es feliz, nada me importaría no volverle a ver." Aunque era novel en su labor, comprendió Cirilo que el deseo de Gualterio no era de los de fácil accesión, y así empezaba a manifestárselo con pesar, cuando sintió la presencia de un ser conocido de todos los protectores, quien sin hablar palabra le sugirió a Cirilo la idea de que en vez de lo que iba a decirle a Gualterio, le prometiese el cumplimiento del bien anhelado por su corazón. "Espérate a que vuelva,—dijo Cirilo,—y verás a tu hermano." Dicho esto, desapareció.

La presencia del Maestro había revelado a Cirilo qué hacer y cómo hacerlo. Fuése, por lo tanto, en busca del compañero mayor que tan a menudo le había auxiliado en otras ocasiones. El compañero, atareado aún en su labor nocturna, al escuchar las apremiantes incitaciones de Cirilo no vaciló ni un momento en acompañarle, y en pocos minutos llegaron junto a Gualterio. El pobre niño empezaba a creer que todo había sido un dulce sueño, cuando reapareció Cirilo, cuya visita infundióle tan delicioso consuelo, que el contemplarlo ofrecía hermoso espectáculo. Y todavía más hermosa fué la escena un momento después, cuando obediente a la voz del Maestro el compañero mayor materializó al ansioso Lorenzo, y vivo y muerto se contemplaron otra vez frente a frente.

La tristeza de los dos hermanos se trocó en inefable júbilo, declarándose mutuamente que ya no más podrían estar tristes, porque sabían que la muerte era impotente para separarlos. Ni aun decreció su gozo cuando Cirilo les manifestó cariñosamente, por sugestión del compañero mayor, que aquella prodigiosa entrevista corporal no podría repetirse, pero que diariamente, de sol a sol, Lorenzo estaría junto a Gualterio, aunque éste no le viese, y que cada noche Gualterio podría dejar su cuerpo físico para permanecer conscientemente una vez más junto a su hermano.

Al oir esto, el pobre y fatigado Gualterio sumióse en sueño para experimentar al mismo tiempo la certeza de tan buena nueva, quedando pasmado de con qué hasta entonces desconocida rapidez podían volar juntos él y su hermano de uno a otro de sus acostumbrados lugares. Cirilo, le previno solícitamente que con seguridad olvidaría la mayor parte de cuanto le aconteciese en su vida libre al despertar por las mañanas; pero por rara fortuna no olvidó Gualterio como a muchos de nosotros nos sucede. Tal vez la viva emoción de gozo actualizó las latentes facultades psíquicas peculiares a la raza celta; pero sea como fuere, no olvidó ni el más mínimo pormenor de lo que le había sucedido, y a la mañana siguiente irrumpió en la casa con tan maravilloso relato que parecía insania.

Sus padres creyeron que la pena había enloquecido al niño, y como por muerte de su hermano era el heredero, vigilaron prolongada y ansiosamente por si aparecían nuevos síntomas de locura que felizmente no se presentaron. Sin embargo, todavía lo diputan por monomaníaco en este punto, aunque creen firmemente que la desilusión le salvó la vida; pero su vieja nodriza que es católica, cree firmemente cuanto asegura el niño, atribuyéndolo a que Jesús, que también fué Niño, se compadeció del apenado Gualterio y le envió un ángel para que le trajese a su hermano en prueba de que el amor es más poderoso que la muerte. ¡Cuán cierto es que algunas veces las supersticiones populares se acercan mucho más a la verdad de las cosas que el esceptismo de las gentes cultas!

No acaba aquí el relato, porque la buena obra comenzada aquella noche se mantiene en progreso y no cabe predecir las consecuencias del acto. La conciencia astral de Gualterio, una vez enteramente despierta, permanece en actividad; cada mañana recuerda su cerebro físico las nocturnas tareas con su hermano, y cada noche encuentran los dos a su querido amigo Cirilo, de quien han aprendido mucho de lo relativo al admirable mundo nuevo abierto ante ellos y de los otros mundos más excelsos todavía. También bajo la dirección de Cirilo, tanto el vivo como el muerto, han llegado a ser laboriosos y diligentes miembros de la fraternidad de protectores, y probablemente lo serán durante los años que tarde en desintegrarse el vigoroso cuerpo astral de Lorenzo. Muchos niños infelices habrán de quedar agradecidos a los tres que tratan de comunicar a otros una parte del júbilo que ellos mismos recibieron.

Y no sólo el muerto allegó provecho de esta conversión, porque ambos buscaron y hallaron algunos otros niños vivientes que tenían conciencia en el plano astral durante el sueño; y por último, uno de aquellos a quienes ellos condujeron ante Cirilo, ha demostrado ya la valía de su afiliación a la cohorte infantil, teniendo además en Gualterio un cariñoso amigo en el plano físico.

Aquellos para quienes todas estas ideas son nuevas, hallarán algunas veces verdadera dificultad en comprender cómo es posible que los niños sirvan de algo en el plano astral. Porque debiendo estar indesenvuelto—dirán tal vez—el cuerpo astral de un niño, y limitado el ego por la niñez, lo mismo que en el plano físico, ¿cómo puede ser útil ese ego ni capaz de impeler progresivamente la evolución espiritual, mental y moral de la humanidad que, según sabemos, es la prelativa tarea de los protectores?

Cuando por vez primera se suscitó esta pregunta, poco después de la publicación de uno de estos sucedidos en la *Revista Teosófica*, la transmití directamente a Cirilo por ver lo que le parecía, y su respuesta fué como sigue:

"Es mucha verdad, según dice el autor de la pregunta, que yo no soy más que un niño, que sé muy poco todavía y que sería mucho más útil si hubiese aprendido más. Pero aun así soy capaz de hacer algo, porque hay gran número de gentes que aún no han estudiado nada de Teosofía, aunque sepan mucho más que yo en cualquiera otra ciencia. Es de sentido común que cuando necesitamos ir a una parte, nos es de mayor utilidad un niño conocedor del camino que cien sabios ignorantes de él."

A esto podemos añadir que cuando un niño despierta en el plano astral, se efectúa con tanta rapidez el crecimiento de su cuerpo correspondiente, que muy pronto alcanza un estado poco inferior al del adulto despierto, quedando mucho más adelantado por lo que concierne a su utilidad que el sabio todavía dormido. Pero a menos que el ego manifieste espontáneamente a través del cuerpo infantil la posesión de las precisas cualidades para determinar una disposición amorosa, claramente manifestada en vidas anteriores, ningún ocultista cargará con la grave responsabilidad de despertar a un niño en el plano astral. Sin embargo, cuando el Karma consiente la posibilidad de semejante despertar, los niños son a menudo los protectores más eficaces y se aplican a su tarea con admirable devoción. Así se cumple una vez más la vieja profecía: "Los conducirá un niño".

Otra duda dimanante de la lectura de este caso, es que si Cirilo fué en algún modo capaz de materializarse por su vehemente impulso de amor y compasión y por su fuerza de voluntad, ¿no es extraño que Lorenzo, con tan ardientes ansias de comunicación, no pudiese lograrlo?

La dificultad desaparece al considerar que la inhabilidad es la normal condición de toda obra, y por eso fué Lorenzo incapaz de comunicarse con su hermano. Lo sorprendente es que Cirilo *fuese* capaz de materializarse por sí mismo, no que Lorenzo *no* lo fuese. Además, no sólo era más vigoroso el sentimiento de Cirilo, sino que sabía perfectamente lo que necesitaba hacer; sabía que la materialización era posible y tenía una idea general de cómo se realizaba, al paso que Lorenzo nada sabía entonces de todo esto, por más que ya lo sepa ahora.

CAPITULO XI

NAUFRAGIOS Y CATÁSTROFES

Algunas veces pueden los miembros de la fraternidad de protectores evitar inminentes y terribles catástrofes. En más de un caso, al hallarse el capitán de un buque fuera de rumbo, ya por alguna corriente desconocida, ya por equivocación de cálculo, y en consecuencia expuesto a graves peligros, ha sido posible prevenir el naufragio mediante reiteradas sugestiones de la idea del siniestro; y aunque generalmente este presentimiento nazca en el cerebro del capitán como una vaga intuición, si ésta persiste o renace pertinazmente, casi es seguro que no la desechará por vana y que tomará las precauciones pertinentes.

En un caso, por ejemplo, en que el capitán de una embarcación estaba mucho más cerca de tierra de lo que suponía, sintió varias veces una interna excitación a echar la sonda, y aunque resistió a la idea durante algún tiempo, considerándola innecesaria y absurda, por último ordenó casi instintivamente que la echaran. El resultado le sorprendió en efecto; pues como al mismo tiempo pusiera el barco en aguante, manteniéndose cerca de la costa, vió a la mañana siguiente la inminencia en que había estado de un espantoso desastre.

Sin embargo, a menudo son las catástrofes de naturaleza kármica, y por lo tanto no es posible evitarlas, aunque tampoco debe suponerse que en semejantes casos huelgue todo auxilio. Puede suceder que la gente a quienes amenace estén destinadas a morir y no quepa el salvarlas de la muerte; pero en algunos casos puede también haber algún asidero preparado para ellos, cabiendo, por lo tanto, dispensarles protección después del trance. De todos modos podemos establecer definitivamente que doquiera ocurra una gran catástrofe recibirán especial protección los damnificados.

Dos recientes ejemplos de esta protección nos ofrecen: el naufragio del vapor *The Drummond Castle* a la altura del cabo Ushant, y el terrible ciclón que asoló la ciudad americana de San Luis.

Ambas catástrofes fueron predichas pocos minutos antes de ocurrir, y los protectores hicieron cuanto les fué posible para serenar los ánimos de los hombres, a fin de que, llegado el momento, no se alocasen como de otra suerte les hubiera sucedido.

Naturalmente, la mayor parte de la tarea a favor de las víctimas de ambas catástrofes, fué realizada en el plano astral, luego de ocurrida la muerte física; pero de esto hablaremos más tarde.

Triste es confesar que cuando amenaza alguna catástrofe, los protectores quedan a menudo perturbados en su benéfica tarea por el terrible pánico de la gente, o, lo que es todavía peor, por la loca embriaguez de aquellos a quienes tratan de auxiliar. Algún buque naufragó estando toda la tripulación ebria y, por consiguiente, incapaz de aprovechar auxilio alguno ni antes ni hasta mucho tiempo después de la muerte.

Si alguna vez nos halláramos en peligro inminente y a nuestro parecer inevitable, acordémonos de que el auxilio está cerca y que de nosotros mismos depende el facilitar o embarazar la tarea del protector invisible. Si arrostramos con sereno valor el peligro, convencidos de que no puede afectar a nuestro verdadero yo, abriremos nuestra mente a la inspiración que los protectores tratan de infundirnos. Esto es lo mejor para nosotros, ya cuando intentan salvarnos de la muerte, ya cuando, no siendo ello posible, pueden conducirnos seguramente a través del dintel.

La protección de esta última especie es tan frecuente en casos de accidentes individuales como en el de catástrofes colectivas. Para demostrarlo bastará un ejemplo. Durante una de las grandes tormentas que hace pocos años devastaron las costas británicas, fué sorprendida por el temporal una barca pescadora en alta mar. Sólo iban a bordo un viejo pescador y un muchacho, logrando el primero con sus maniobras evitar durante algunos minutos el vuelque de la barca. No vislumbraba socorro humano, y aun de haberlo no fuera posible que nadie lo prestase en tan horrorosa tormenta. El pescador comprendió que no había salvación posible y que la muerte era cosa de pocos momentos. Esta idea puso mayor espanto en su corazón, ya desfallecido por el medroso espectáculo de la soledad oceánica y por el recuerdo de su mujer y de sus hijos que, muerto él, quedarían en la miseria.

Un protector que por allí pasaba, al ver tal escena trató de consolarle; pero como la mente del viejo estaba perturbada por el terror, no pudo lograrlo, y así pensó aparecérsele con objeto de mejor auxiliarle. Al relatar después el caso, dijo el protector que fué cosa admirable y sorprendente la mudanza operada en el semblante del pescador al contemplar la fúlgida aparición que cobijaba la barca. Creyó que un ángel llegaba a consolarle en el supremo trance, y por ello tuvo la convicción de que no sólo le conduciría seguramente a través de las puertas de la muerte sino que su familia no quedaría sin amparo. Cuando pocos momentos después sobrevino la muerte, ya no denotaba su rostro el terror y la ansiedad que previamente experimentara, y al recobrar la conciencia en el plano astral y ver al *ángel* todavía junto a sí, sintióse en comunidad con él y se dispuso a recibir las advertencias concernientes a la nueva vida en que había entrado.

Algún tiempo más tarde el mismo protector se ocupó en una tarea de carácter análogo, cuya relación dió como sigue:

"Recordaréis aquel vapor que naufragó a causa de un ciclón a fines de Noviembre último. Pues bien: acudí al camarote en donde estaban encerradas cerca de doce mujeres, hallándolas en la más deplorable situación entre gemidos y lamentos arrancados por el terror. El buque hacía agua, siendo el naufragio inevitable, y el estado de loco terror de aquellas mujeres era pésima condición para el tránsito de una a otra vida.

"A fin de sosegarlas me materialicé, y como es natural, creyendo que era un ángel, se prosternaron ante mí rogándome que las salvara. Una de ellas puso a su pequeñuelo en mis brazos con fervorosa súplica de que al menos salvase la vida de aquel inocente. Al oirme se sosegaron poco a poco, quedóse el niño sonrientemente dormido, y sugiriéndoles la idea del cielo, fueron cayendo en pacífico sueño de tal modo, que no despertaron al hundirse el buque. Yo me me sumergí con ellas para mantenerlas dormidas hasta el último momento y que no se percataran del cambio de sueño a muerte."

Evidentemente, los que tal auxilio recibieron en este caso, no sólo tuvieron la enorme ventaja de hallar tranquila y llevadera muerte, sino la todavía mayor de ser recibidos en el más allá por quien ya estaba dispuesto al amor y a la esperanza; por quien conoce perfectamente el nuevo mundo en que se hallan, y no sólo puede darles la seguridad de su salvación, sino advertirles de cómo han de ordenar su vida en aquellas tan muy diversas circunstancias.

Esto nos lleva a considerar uno de los más amplios e importantes aspectos de la tarea de los protectores invisibles: la guía y auxilio que son capaces de dar a los muertos.

CAPITULO XII

LA ACCIÓN ENTRE LOS MUERTOS

Uno de los varios males procedentes de las absurdas doctrinas que sobre las condiciones posteriores a la muerte predominan, por desgracia, en nuestro mundo occidental, es que al dejar su envoltura física quedan los muertos confusos y a menudo muy hondamente aterrorizados, al verse en estado tan distinto del que por sus creencias religiosas esperaban.

La situación mental de gran número de individuos fué explícitamente evidenciada hace poco por un general inglés que, tres días después de su muerte, encontró a uno de la fraternidad de protectores a quien había conocido en el mundo físico. Después de expresar su satisfacción por haber hallado al fin con quién comunicarse, le dijo en tono de inquirimiento: "Pero si estoy muerto ¿dónde estoy? Porque si esto es el cielo no opino gran cosa de ello; y si el infierno, es mucho mejor de lo que esperaba."

Desgraciadamente, la mayoría tiene ideas menos filosóficas. Se les ha enseñado que todos los hombres, menos los pocos que son sobrehumanamente buenos, están destinados al fuego eterno; y como un ligero examen de conciencia les convence de que no pertenecen a esta última categoría, quedan casi siempre presa de terror pánico, temiendo a cada momento que el nuevo mundo en que se hallan los arroje en las garras del demonio, en cuya existencia tan persistentemente se les enseñó a creer. En muchos casos transcurren largos períodos de torturas mentales antes de verse libres de la fatal influencia de la blasfema doctrina de las penas eternas; antes de que puedan convencerse de que el mundo no está sujeto al capricho de un horrible demonio que se ufana en las humanas angustias, sino regido por la benévola y maravillosamente paciente ley de evolución, que si bien absolutamente justa ofrece de cuando en cuando a los hombres coyunturas de progreso con tal que sepan aprovecharlas en cualquier etapa de su carrera.

Debemos decir en justicia que la idea del demonio sólo tiene esta horrible forma en las comuniones protestantes; la gran iglesia católica romana, con su doctrina del purgatorio, se aproxima mucho a la concepción del plano astral, y sus fieles devotos creen, de todos modos, que el estado en que se ven luego después de la muerte es únicamente temporal, y que tienen el deber de salir de él, tan pronto como sea posible, por la intensa aspiración espiritual, aceptando entretanto cualquier sufrimiento que les sobrevenga, como necesario para purificarse de las imperfecciones de su carácter antes de entrar en las excelsas y lucientes regiones del empíreo.

Así vemos que entre los recién fallecidos hay abundantísima tarea para los protectores, porque en la inmensa mayoría de los casos están necesitados de sosiego, seguridad, fortaleza y enseñanza. Tanto en el mundo astral como en el físico hay muchos que no están muy bien dispuestos a recibir consejos de quienes saben más que ellos; pero la novedad de las circunstancias que les rodean, vence la voluntad de muchos muertos para aceptar la guía de quienes están familiarizados con tales circunstancias, habiendo quedado así considerablemente acortada la estancia de muchos hombres en el plano astral, gracias a los ardientes esfuerzos de la fraternidad de infatigables operarios.

Por otra parte, hemos de tener en cuenta que los protectores no pueden, en modo alguno, estorbar el karma de un muerto, porque éste se ha ido formando en vida un cuerpo astral de cierto grado de densidad, y hasta que este cuerpo no se desintegre le será imposible pasar al mundo celeste; pero es preciso que no prolongue con su inconveniente actitud la duración del período necesario para este proceso.

Todos los estudiantes de ocultismo comprenderán la verdad de que la vida astral de un hombre, después de abandonar el cuerpo físico, depende principalmente de dos condiciones: el finiquito de su pasada vida terrena y la disposición de su ánimo después de lo que llamamos muerte.

Durante su vida física está allegando constantemente materia a su cuerpo astral, pues lo afecta directamente con las pasiones, emociones y deseos cuya tiranía consiente; lo afecta indirecta y elevadamente por la acción de sus pensamientos; y también indirecta, aunque inferiormente, por los pormenores de su vida física, por su continencia o intemperancia, su pulcritud o suciedad, por sus alimentos y bebidas.

Si, pertinaz en la perversidad de cualquiera de esos vicios, es tan imbécil que se construya un grosero y tupido vehículo astral habituado a responder únicamente a las ínfimas vibraciones del plano, se hallará después de la muerte sujeto a este plano durante el largo y lento proceso de la desintegración de su cuerpo. Pero si con honesta y cuidadosa vida forma un vehículo compuesto principalmente de materia delicada, hallará después de la muerte mucha menos tentación y desconsuelo, siendo su evolución muchísimo más fácil y rápida.

Esta primera condición relativa al cuerpo astral se tiene generalmente en cuenta, pero a menudo se pone en olvido la segunda, esto es: la actitud mental después de la muerte. Lo importante para el hombre es comprender cómo está situado en este mínimo arco de su evolución; saber que propende interiormente hacia el plano de su verdadero yo y que en consecuencia debe divertir su pensamiento de las cosas terrenales y convertirlo cada vez con mayor ahinco a las espirituales contemplaciones que han de ocupar su vida en el mundo celeste. Así facilitará en gran manera la natural desintegración de su cuerpo astral, esquivando el triste y frecuente error de mantenerse inútilmente en los inferiores niveles que fueron su transitoria residencia.

Muchos muertos retardan considerablemente el proceso de desintegración por apasionada añoranza de la tierra que dejaron. No elevan su pensamiento a lo alto, sino que se esfuerzan en mantenerse en contacto con el plano físico, perturbando así grandemente a quien trata de auxiliarlos. Siempre tuvieron para ellos exclusivo interés los bienes terrenales, y así, aun después de la muerte, se aferran con desesperada tenacidad a ellos. Según pasa el tiempo hallan crecientes dificultades en mantener el deseo en las cosas de aquí abajo; pero en vez de acoger y fomentar este principio de gradual refinamiento y espiritualización, lo resisten vigorosamente por todos los medios a su alcance.

Sin embargo, la potísima fuerza de evolución es eventualmente demasiado fuerte para ellos, y cuando se ven arrastrados por su benéfica corriente, aún luchan en cada etapa del camino, ocasionándose con ello no sólo multitud de inútiles penas y tristezas, sino también deplorable retraso en la senda de su perfeccionamiento, prolongando casi indefinidamente su estancia en el plano astral. Los protectores emplean gran parte de su labor a convencerlos de que esta necia y nociva oposición a la voluntad cósmica es contrariamente opuesta a las leyes de la naturaleza; en persuadirlos a tomar una actitud mental diametralmente inversa a la en que tan engañosamente se mantienen.

Sucede en ocasiones que la voluntad de los muertos queda ligada a la tierra por la ansiedad que les ocasionan los deberes incumplidos o las deudas no satisfechas; pero más a menudo por el desamparo de la mujer y de los hijos. En tales casos, ha sido necesario más de una vez que antes de proseguir el muerto su camino en paz, proveyese el protector en representación suya a las necesidades del plano físico cuya satisfacción le conturbaba. Un ejemplo tomado de nuestras recientes experiencias dará mejor explicación de esto.

Un miembro de la fraternidad de protectores

trataba de auxiliar a un pobre hombre que había muerto en una ciudad de occidente; pero le era imposible sustrarle al pensamiento de las cosas de la tierra, por la ansiedad que sentía respecto de dos hijos de corta edad a quienes dejara sin valimiento. Como modesto labrador que había sido, no pudo legarles ahorros; su mujer había muerto dos años antes, y la propietaria de las tierras, aunque en extremo compasiva y con voluntad para hacer algo en favor de los niños, no era lo suficientemente rica para adoptarlos, y muy a su pesar se veía obligada a ponerlos en algún asilo. Esta era la intensa pena del padre muerto, pues él no podía vituperar el proceder de la propietaria y era al mismo tiempo incapaz de sugerir otro medio de amparo.

Preguntóle el protector si no tenía algún pariente a quien confiar sus hijos, y el padre respondió que no conocía a ninguno, pues aunque tenía un hermano menor que en tal extremo hubiera hecho ciertamente algo por ellos, hacía quince años que nada sabía de él, ni siquiera si estaba vivo o muerto. La última vez que tuvo noticias, se enteró de que trabajaba de aprendiz con un carpintero del norte y era un hombre honrado que de vivir acudiría al remedio de sus sobrinos.

El asunto era, en verdad, muy leve; pero como desde allí parecía no haber otro recurso de protección para los niños, el protector creyó lo más expédito hacer entretanto un esfuerzo especial para conseguirlo. Tomando consigo al padre, comenzaron a indagar pacientemente el paradero del hermano en la ciudad indicada, y después de mucho trabajo consiguieron encontrarle. Era ya maestro carpintero, con muy floreciente negocio, casado, sin hijos, pero con ardiente deseos de tenerlos y, por lo tanto, muy a propósito para aquella eventualidad.

Era cuestión de cómo podría sugerírsele al hermano la idea de lo sucedido. Afortunadamente vieron que era de temperamento tan impresionable que con facilidad se le podrían representar vivamente en sueños las circunstancias de la muerte de su hermano y el desamparo de sus sobrinos. Por tres veces se le repitió la sugestión, indicándole con toda claridad el lugar del fallecimiento y aun el nombre de la propietaria de las tierras. El carpintero quedó hondamente impresionado por aquella representativa visión y discutióla ardientemente con su mujer, quien le aconsejó que escribiese al lugar indicado. No hizo tal, sino que se sintió poderosamente inclinado a ir al lugar, para cerciorarse por sí mismo de si efectivamente había una casa como la vista en sueños, y en caso afirmativo llamar a ella con cualquier excusa. Pero como era muy laborioso, convino finalmente en que no debía perder un día de trabajo, por lo que en último extremo tal vez no fuera más que la quimera de un sueño.

Malograda la esperanza puesta en el envío de la carta, recurrieron los protectores al medio de que uno de ellos escribiese al carpintero detallándole las circunstancias de la muerte de su hermano y la orfandad de los niños, exactamente tales como las viera en sueños. Al recibir esta corroboración, no vaciló un punto el carpintero, encaminándose al día siguiente al lugar indicado, donde fué recibido con los brazos abiertos por la compasiva propietaria. Fácil les había sido a los protectores conseguir que, dado el buen corazón de esta mujer, mantuviese con ella durante algunos días a los niños, en espera de uno u otro remedio. Y ella se congratulaba de haberlo hecho así. El carpintero adoptó a los niños, se los llevó consigo a su feliz hogar, y el padre muerto pudo, desvanecida su ansiedad, continuar tranquilamente su camino.

Desde que los autores teósofos consideraron como un deber el representar enérgicamente los males acarreados por la influencia de las sesiones espiritistas, sólo puede admitirse de buena fe que en varias ocasiones, por la acción de un medium o de alguno de los circunstantes, se realizaran obras de protección parecidas a la que acabamos de relatar. Así, aunque el espiritismo haya rezagado muy a menudo almas que sin semejante traba hubieran conseguido más rápida liberación, debe abonársele el que haya proporcionado a otros medios de salida abriéndoles la senda del perfeccionamiento. Ejemplos hay en que el difunto fué capaz de aparecerse por sí mismo a sus parientes o amigos y manifestarles sus deseos; pero estos casos son muy raros, y la mayor parte de las almas que están ligadas a la tierra por ansias de la especie descrita, sólo pueden valerse de los servicios de un medium o del protector consciente.

Otro caso muy frecuente en el plano astral es el de quienes no creen que han muerto. La mayor parte consideran el hecho de ser todavía conscientes como una prueba irrefragable de que no han traspuesto los umbrales de la muerte. ¡Algo de sarcástico hay en esto, si uno lo medita, respecto de las tan encaramadas creencias de la inmortalidad del alma! Por mucho que hayan aparentado esta creencia durante su vida, la gran mayoría de los hombres al morir demuestran con semejante actitud que eran en todo intento y propósito materialistas de corazón; y quienes así se llamaron lealmente en vida, no muestran tanta perplejidad en su actitud como otros que hubieran rechazado tal calificativo.

Ejemplo reciente es el de un intelectual que hallándose plenamente consciente y, no obstante, bajo condiciones radicalmente distintas de las que hasta entonces había experimentado, creíase aún viviente, aunque víctima de prolongado y desagradable sueño. Por fortuna para él, entre los capaces de actuar en el plano astral estaba el hijo de un antiguo amigo suyo, un joven cuyo padre le había mandado ir en busca del hombre de ciencia y procurarle algún auxilio. Al hallarle y acercársele el joven, después de bastante trabajo, confesó el intelectual que efectivamente estaba en gran desconsuelo y embarazo, pero aferrado a la suposición del sueño que daba por explicación de cuanto veía y sucedía, hasta el punto de creer que su visitante no era sino una visión. Por último, él mismo dió medio de proponer una prueba fehaciente, y le dijo al joven: "Si como aseguras eres persona viva y el hijo de mi antiguo amigo, tráeme de él algún mensaje que me pruebe tu objetiva realidad." Aunque bajo las ordinarias condiciones del plano físico esté ello rigurosamente prohibido a los discípulos del Maestro, parece que un caso de esta especie no ha de entrar en la regla; y por lo tanto, una vez seguros de que no había objeción alguna por parte de las altas autoridades, fué excitado el padre a enviar un mensaje relatando varios sucesos ocurridos antes del nacimiento del hijo. Esto convenció al muerto de la existencia real de su joven amigo y, por lo tanto, de la realidad del plano en que ambos actuaban, y en el convencimiento le confirmó su cultura científica, despertándole ardientes deseos de adquirir todas las noticias posibles de aquel nuevo mundo.

Sin embargo, el mensaje que tan fácilmente había aceptado como evidencia, no era en realidad una prueba plena, porque los hechos allí referidos podían haber sido conocidos o leídos en el plano akásico por algún ser que poseyese la visión astral, pero su ignorancia de esta posibilidad determinó en él la convicción definitiva, y las enseñanzas teosóficas que su joven amigo le está dando ahora cada noche, producirán, indudablemente, maravilloso efecto sobre su porvenir, porque no sólo modificarán hondamente el estado celeste que ha de abrirse inmediatamente ante él, sino también su próxima encarnación en la tierra.

Así, pues, la principal tarea que respecto de los recién fallecidos cumplen nuestros protectores, es la de adulcigarlos, consolarlos y librarles, cuando es posible, del terrible, aunque vano, temor que demasiado a menudo les sobrecoge y no sólo les causa inútiles sufrimientos, sino que retarda su progreso a más elevadas esferas; y por último, la de hacerlos capaces de comprender, en cuanto sea posible, el porvenir que les aguarda. Otros que suspiran en el plano astral pueden también recibir mucha ayuda, si ellos la aceptan, de explicaciones y avisos referentes a su camino a través de las distintas etapas. Pueden, por ejemplo, ser prevenidos del peligro y retraso provinentes de esperar comunicación con los vivos por la acción de un medium; y algunas veces, aunque raras, una entidad ya introducida en un centro espiritista puede ser guiada a más alta y mejor vida.

Las enseñanzas así dadas a personas en este plano, no son en modo alguno inútiles, porque si bien la memoria de ellas no se conserva directamente en la próxima encarnación, siempre perdura como conocimiento íntimo y, por lo tanto, como enérgica predisposición a aceptarlas inmediatamente al oirlas otra vez en la nueva vida.

CAPITULO XIII

OTROS ASPECTOS DE LA TAREA

Divirtiendo ahora nuestra consideración de la obra realizada por los protectores entre los muertos y convirtiéndola a la que entre vivos cumplen, indicaremos sucintamente algunos de sus aspectos, sin cuyo conocimiento quedaría incompleto el estudio de las tareas de nuestros invisibles protectores; tareas que por la mayor parte son sugestiones de buenos pensamientos en las mentes de quienes están predispuestos a recibirlos. Pero expliquemos lo que esto significa para no dar motivo a error.

Le fuera perfectamente fácil (hasta un grado del todo increíble para quienes no comprenden el asunto prácticamente) a un protector dominar el intelecto de cualquier hombre vulgar y hacerle pensar lo que quisiere sin infundir la más leve sospecha de influencia extraña. Pero por admirable que fuese el resultado, es inadmisible semejante procedimiento, y todo lo más que en este punto se hace es infundir el buen pensamiento en la mente del sujeto como uno entre los muchos que constantemente bullen en su cerebro. Del hombre depende exclusivamente acoger el pensamiento, apropiárselo y obrar de conformidad con él. Si ocurriese de otro modo, es evidente que toda la bondad kármica de la acción correspondería únicamente al protector, pues el sujeto hubiera sido sencillamente un instrumento y no un agente, lo cual no es lo que se desea.

La protección dispensada de este modo tiene variadísimos caracteres. El consuelo de los afligidos y penantes entraña el esfuerzo de conducir hacia la verdad a quienes ardientemente la buscan. Cuando un hombre medita ansiosamente sobre un problema espiritual o metafísico, es posible inspirarle la solución sin que se dé cuenta de que llega de agentes exteriores.

Un discípulo puede a menudo ser empleado como agente de lo que con dificultad recibiría otro nombre que el de respuesta a una plegaria; porque si bien cualquier ardiente deseo espiritual que podamos suponer que halle su expresión en la súplica, es por sí mismo una fuerza que automáticamente produce ciertos resultados, también es verdad que semejante esfuerzo espiritual ofrece coyuntura a la influencia del Poder de Dios, de la cual no tarda en tomar ventajas. Y algunas veces la voluntad de un protector abre el canal por donde su energía se derrame. Lo que decimos de la súplica puede aplicarse también a las prolongadas meditaciones de quienes son capaces de sostenerlas.

Además de este general procedimiento de protección, hay otros especiales que pocos reciben. De vez en vez algunos protectores, a propósito para ello, han sido destinados a sugerir verdaderas y hermosas ideas a los escritores, poetas, artistas y músicos; pero como fácilmente se comprende no todos los protectores sirven para este especial objeto.

Algunas veces, aunque muy raramente, es posible advertir a un hombre del peligro que para su progreso moral entraña el camino que sigue; o bien apartarle de las maléficas influencias de tal lugar o persona; o también conjurar las maquinaciones de la magia negra.

No es frecuente que las gentes extrañas al círculo de los estudiantes de ocultismo reciban instrucciones directas acerca de las grandes verdades de la naturaleza; pero en ocasiones puede hacerse algo en este punto representando ante la mente de los oradores y maestros un más amplio caudal de ideas o un más abierto punto de vista sobre alguna cuestión que hubieran tratado de distinta manera.

Naturalmente, según adelante en el sendero un estudiante de ocultismo, alcanza más amplia esfera de utilidad. En vez de proteger únicamente a individuos, aprende cómo puede auxiliar a clases, naciones y razas enteras, y se ve estimulado por una gradualmente creciente participación en las elevadas y más importantes tareas de los Adeptos. Según adquiere la necesaria fuerza y los exigidos conocimientos, comienza a manejar las potentes fuerzas del akasa y de la luz astral, y se le enseña a hacer el mejor uso posible de cada favorable influencia cíclica.

Se le pone en relación con aquellos grandes Nirmanakayas simbolizados algunas veces como Piedras del Muro Protector y llega a ser (muy modestamente al principio) de la cohorte de sus limosneros y aprende cómo están dispersas aquellas fuerzas que son el fruto de su sacrificio sublime. Así se eleva gradualmente a más y más excelsas alturas, hasta que floreciendo por fin en el Adeptado, es capaz de asumir toda su parte en la responsabilidad que incumbe a los Maestros de Sabiduría y auxiliar a otros en el camino que él recorriera.

En el plano devakánico es algo distinta la tarea, puesto que las enseñanzas pueden darse y recibirse de mucho más rápido, directo y completo modo, a causa de que las influencias puestas en movimiento son infinitamente más poderosas por actuar en nivel mucho más elevado. Pero también allí (aunque sea inútil entrar ahora en pormenores sobre ello, por ser tan pocos entre nosotros los capaces de actuar conscientemente en ese plano durante la vida) y aun más arriba todavía, hay siempre abundancia de labor realizable tan luego y siempre que somos capaces de realizarla; y no hay ciertamente temor alguno de que por innumerables dones nos hallemos sin un camino de abnegada utilidad abierto ante nosotros.

CAPITULO XIV

CUALIDADES NECESARIAS

¿De qué modo—preguntará alguien—podemos hacernos capaces de participar en esta gran obra? No hay ningún misterio respecto de las cualidades que ha de reunir quien aspire a contarse en el número de los protectores; pero la dificultad no está en saber cuáles sean, sino en desarrollarlas en sí mismo. Ya las hemos descrito incidentalmente con alguna extensión; mas conviene, no obstante, establecerlas categóricamente, a saber:

1.ª *Docilidad de mente.*—El primer requisito es el de reconocer cuán grande es la tarea que los Maestros han de encargarnos, y que ha de ser para nosotros la preferente ocupación de nuestras vidas. Debemos aprender a distinguir no sólo entre las tareas útiles y ociosas, sino entre los diferentes órdenes de tareas provechosas, a fin de que cada cual se dedique a la más elevada de que sea capaz, sin perder el tiempo en lo que, a pesar de ser bueno para quien no sabe hacer nada mejor, es indigno del conocimiento y de la capacidad que hemos de tener como teósofos. El hombre que aspire a la consideración de elegible para empleos en más altos planos ha de principiar por hacer cuanto pueda en lo concerniente a labor definida aquí abajo por la Teosofía.

Claro es que esto no significa en modo alguno que hayamos de negligenciar los ordinarios deberes de la vida. Haremos seguramente muy bien en no contraer nuevos deberes mundanos de ninguna clase; pero no tenemos derecho a desatender aquellos a que ya estamos sujetos en obligación kármica. A menos que no hayamos cumplido plenamente todos los deberes que el karma ha puesto sobre nosotros, no quedamos libres para emprender la elevada tarea que, sin embargo, debe ser para nosotros el único objeto realmente digno de la vida, el constante reclinatorio de una existencia consagrada al servicio de los Maestros de Compasión.

2.ª *Perfecto dominio de sí mismo.*—Antes de que se nos puedan confiar seguramente los amplios poderes de la vida astral, debemos dominarnos perfectamente a nosotros mismos. Hemos de yugular completamente nuestro temperamento, de modo que nada de lo que veamos u oigamos pueda encolerizarnos, porque las consecuencias de semejante cólera serían mucho más graves en aquel plano que en el físico. La fuerza del pensamiento es siempre enorme; pero aquí abajo queda reducida y amortiguada por las pesadas partículas cerebrales que pone en movimiento. En el mundo astral es dicha fuerza más libre y poderosa, y si allí un hombre tuviese plena facultad de sentir cólera contra otro, fuera para él grave y fatal daño.

No sólo necesitamos domeñar el carácter, sino también los nervios, a fin de que ninguna de las fantásticas o terribles visiones con que nos encontremos sea capaz de quebrantar nuestro intrépido valor. Debemos recordar que el discípulo que despierta a un hombre en el plano astral asume, por lo mismo, cierta cuantía de responsabilidad por sus acciones y por su seguridad, de modo que a no ser que su neófito tenga el valor de estar solo, habrá de emplear el despertante la mayor parte del tiempo en acompañarle y protegerle, lo cual fuera manifiestamente inconveniente.

A fin de asegurar este dominio sobre los nervios y conocer si es idóneo para el trabajo que se le ha de confiar, fué siempre sometido el candidato, así en nuestros días como antiguamente, a sufrir las pruebas de la tierra, del agua, del aire y del fuego.

En otros términos: con absoluta certidumbre ha de saber que no llega con teórica sino con práctica experiencia; que en su cuerpo astral ninguno de aquellos físicos elementos puede afectarle ni ser obstáculo a su paso; que nada puede obstruirle el camino de las tareas que ha de emprender.

En el cuerpo físico estamos plenamente convencidos de que el fuego puede quemarnos y el agua ahogarnos; que las montañas y rocas, como cuerpos sólidos, constituyen infranqueable valla á nuestro avance; y que no podemos lanzarnos sin apoyo a la atmósfera. Tan profundamente arraigada está en nosotros esa convicción, que a la mayor parte de los hombres les cuesta grandísimo trabajo sobreponerse a la instintiva acción que de ella se sigue, y experimentar que al cuerpo astral no le detienen en su libre movimiento los más espesos muros; que pueden arrojarse impunemente desde las más abruptas peñas, sumirse con la más absoluta confianza en las entrañas de los más impetuosos volcanes o en los más tenebrosos abismos del insondable océano. Así, hasta que un hombre conoce esto lo bastante para obrar instintiva y confiadamente, es relativamente inútil para las tareas astrales, pues las eventualidades que continuamente sobrevienen en aquel plano, lo paralizarían perpetuamente con imaginarias impotencias. Más después de pasar por las pruebas y otras extrañas experiencias, arrostra con serena tranquilidad las más terroríficas apariciones y los más repugnantes ambientes, demostrando, en efecto, que no habrá temor de sus nervios, cualesquiera que sean las circunstancias en que se halle.

Por otra parte, necesitamos dominio de pensamientos y deseos; de pensamientos, porque sin el poder de concentración fuera imposible realizar buena labor entre las divertidoras corrientes del plano astral; de deseos, porque en aquel extraño mundo, desear es casi siempre poseer, y a menos de que esté bien regida esta parte de nuestra naturaleza, podríamos hallarnos tal vez con creaciones de nuestro deseo de las cuales nos avergonzaríamos profundamente.

3.ª *Tranquilidad.*—Otra importante condición es la carencia de toda especie de desaliento o depresión de ánimo. Gran parte de la tarea consiste en fortalecer a los afligidos, en consolar a los tristes; y ¿cómo podrá un protector realizar esta obra si su propia aura vibra en incesante conturbación o abatimiento o está entenebrecida por la intensa melancolía dimanante del desaliento? Nada es más desesperadamente fatal para el progreso y utilidad ocultos, que la costumbre novecentista de apesadumbrarnos sin cesar por bagatelas, la eterna manía de convertir los montículos en montañas.

Muchos malgastan neciamente la vida en abultar las más absurdas fruslerías labrando penosamente su propia miseria.

Seguramente los teósofos debemos a toda costa llegar más allá de semejante estado de insano abatimiento y fútil desánimo; seguramente nosotros que tratamos de adquirir definitivas ideas del orden cósmico, debemos por esta vez comprender que la vista optimista de todas las cosas está siempre más cerca del pensamiento divino y por lo tanto de la verdad, pues sólo lo que es bueno y hermoso tiene posibilidad de ser permanente, mientras que el mal ha de ser transitorio por su propia naturaleza. En efecto, como dice Browning: "el mal es írrito, vacuo; es el silencio que significa sonido, mientras que encima y más allá el alma de las cosas es dulce, el corazón de los seres es celestial descanso". Así Aquellos que saben mantenerse en imperturbable calma combinan con Su perfecta simpatía la gozosa serenidad que proviene de la certidumbre de que toda aspiración ha de quedar al fin cumplida. Y aquellos que desean proteger deben aprender a seguir su ejemplo.

4.ª *Sabiduría.*—Para ser útil el hombre debe por lo menos tener algún conocimiento de la naturaleza del plano en que ha de actuar; y será, por lo tanto, más útil quien de una u otra suerte posea mayores conocimientos. Debe hacerse apto para esta tarea estudiando cuidadosamente todo cuanto la literatura teosófica ha escrito sobre el particular, porque no ha de esperar que quienes tienen ya el tiempo enteramente ocupado, distraigan parte en explicarle lo que pudo aprender en el plano físico sin otro trabajo que leer los libros. Ninguno que no sea tan ardiente estudiante como su capacidad y ocasiones permitan, ha de presumirse candidato para las tareas astrales.

5.ª *Amor.*—Es la última y mayor de las condiciones y también la menos comprendida. De un modo más enfático: *no* es el fácil y presuntuoso sentimentalismo sin meollo que, siempre flotante en vagas vulgaridades y burbujeantes generalidades, mantiene el hombre discreto por miedo a que el ignorante lo tilde de falta de fraternidad.

Hemos de desear aquel amor bastante fuerte para no caer en jactancia; el intenso deseo de ser útil, que siempre avizora coyunturas de prestar servicios aunque prefiera hacerlo anónimamente; el sentimiento nacido en el corazón de quien conoce la gran obra del Logos y habiéndola visto una vez, se convence de que para él no puede haber en los tres mundos otra aspiración que identificarse con esa obra en el mayor grado posible para llegar a ser, aunque en modesta proporción y a gran distancia, un pequeño canal de aquel portentoso amor divino que, como la paz de Dios, escapa a la comprensión del hombre.

Estas son las cualidades que el protector debe esforzarse incesantemente en alcanzar, y que en grado suficiente debe reunir antes de que el Gran Ser que se mantiene tras él lo juzgue apto para el completo despertar.

Sublime es en verdad el ideal, pero nadie ha de retroceder descorazonado ni pensar que, mientras forcejee hacia él, deba permanecer completamente inútil en el plano astral, porque aun exento de las responsabilidades y peligros del pleno despertar, hay mucho que segura y provechosamente puede hacer.

Difícilmente se hallará entre nosotros quien no sea capaz de llevar a cabo, por lo menos una definida acción de beneficencia o de buena voluntad, cada noche, mientras está fuera de su cuerpo. Nuestra condición durante el sueño es ordinariamente una especie de absorción en pensamiento, recordémoslo, una continuación de los pensamientos que principalmente nos han ocupado durante el día y más en particular del último que ocupaba nuestra mente al quedar dormidos. Ahora bien: si nuestro último pensamiento es la firme intención de ir a prestar auxilio a alguien cuya necesidad de él conozcamos, cuando el alma esté libre del cuerpo realizará indudablemente aquel intento y prestaremos el auxilio. Varios casos hubo en que al efectuar este esfuerzo, la persona a quien se dirigía fué plenamente consciente del anhelo de quererla auxiliar y aún vió su cuerpo astral en el acto de llevar a cabo las instrucciones impresas en él.

Verdaderamente, nadie ha de entristecerse por la idea de que no pueda tener participación ni empleo en esta gloriosa obra. Quien tal creyera estaría completamente equivocado, porque quienquiera que pueda pensar, puede auxiliar. Ni tampoco es necesario limitar tan provechosa labor a las horas de sueño. Si sabéis (¿y quién no sabe?) de alguien que esté afligido o apesadumbrado, aunque no seáis capaces de estar conscientemente en astral forma junto a su cama, podéis, sin embargo, enviarle amorosos pensamientos y ardientes deseos de benevolencia, con la completa seguridad de que tales pensamientos y deseos son reales, vivos y fuertes; que al enviarlos mueven y actúan vuestra voluntad en proporción a la fuerza que hayáis puesto en ellos.

Los pensamientos son cosas intensamente reales y visibles a los ojos de quienes los abrieron para ver, y por su medio el hombre más pobre logra su parte en las buenas obras del mundo tan plenamente como el más rico. De este modo, a lo menos, ya seamos o no capaces de funcionar conscientemente en el plano astral, podremos afiliarnos y debemos todos afiliarnos en el ejército de protectores invisibles.

Pero el aspirante que resueltamente anhele llegar a ser de la fraternidad de protectores astrales que laboran bajo la dirección de los grandes Maestros de Sabiduría, hará de su preparación parte de un muy amplio plan de perfeccionamiento. En vez de esforzarse en ser apto tan sólo para esta particular rama de Su servicio, tomará con resuelta determinación la mucho mayor tarea de seguir sus huellas, de convertir todas las energías de su alma a lograr lo que Ellos alcanzaron, a fin de que este poder de auxiliar al mundo no quede limitado al plano astral, sino extendidos a más altos niveles, que son la verdadera morada del divino ser del hombre.

Hace mucho tiempo fué trazado el sendero por la sabiduría de aquellos que en otra edad lo recorrieron; un sendero de perfección que más pronto o más tarde todos debemos seguir, ya lo escojamos ahora de propia y libérrima voluntad, ya esperemos a que después de muchas vidas e infinidad de sufrimientos, la lenta e irresistible fuerza de evolución nos impela a lo largo del sendero entre los rezagados de la familia humana.

Pero el hombre prudente entra ansioso y sin demora en el sendero, dando rostro a la meta del Adeptado, a fin de que librándose para siempre de toda duda, temor y tristeza, pueda también ayudar a otros en la obtención de la confianza y felicidad.

Lo que sean las etapas de este Sendero de Santidad, como le llaman los budistas, y en qué orden están dispuestas, veremos en el capítulo siguiente.

CAPITULO XV

EL SENDERO PROBATORIO

Los libros orientales nos dicen que hay cuatro medios de atraer a un hombre al comienzo del sendero de perfeccionamiento espiritual: 1.º Por compasión de quienes ya entraron en él; 2.º Por oir o leer las enseñanzas de la filosofía oculta; 3.º Por iluminación refleja; esto es, que por la sostenida fuerza de robustos pensamientos y claros raciocinios puede alcanzar la verdad o parte de ella por sí mismo; 4.º Por la práctica de la virtud; lo cual significa que una serie de virtuosas existencias, sin necesidad de desenvolvimiento intelectual, puede eventualmente desarrollar en un hombre la intuición suficiente para sentir la necesidad de entrar en el sendero y ver la dirección en que está trazado.

Cuando por cualquiera de estos medios llega el hombre a este punto, tiene derechamente ante sí el elevadísimo Adeptado, con tal que sepa columbrarlo. Al escribir para los estudiantes de ocultismo, fuerza es decir que en nuestro actual grado de desarrollo no hemos de esperar el conocerlo todo ni casi todo, sino tan sólo los peldaños inferiores de este sendero, pues de los superiores no conocemos sino los nombres, aunque ocasionalmente nos hieran los fulgores de la inefable gloria que los circunda.

Según las enseñanzas esotéricas, estos peldaños están agrupados en tres grandes divisiones:

1.º El período probatorio antes del cual, no se suelta prenda ni promesa alguna ni se dan iniciaciones en el verdadero sentido de la palabra. Esto conduce al hombre al nivel necesario para pasar con éxito a través de lo que en los libros de Teosofía se llama comúnmente el período crítico de la quinta ronda.

2.º El período del discipulado con fianza, o sendero propiamente dicho, cuyos cuatro trechos se llaman a menudo en los libros orientales: los cuatro senderos de santidad. Al término de ellos, el discípulo obtiene el Adeptado o sea el nivel que ha de alcanzar la humanidad al fin de la séptima ronda.

3.º El período que nos atrevemos a llamar oficial, en el que el Adepto toma definitiva parte (bajo la gran Ley cósmica) en el gobierno del mundo y desempeña un especial cargo en relación con él. Naturalmente que cada Adepto y aun cada discípulo, una vez admitidos definitivamente, según hemos visto en los primeros capítulos, toma parte en la gran obra de auxiliar la progresiva evolución del hombre; pero aquellos que están en más altos niveles, toman a su cargo ministerios especiales, análogamente a los del gobierno de las monarquías bien ordenadas. No tenemos intención de tratar en este libro del período oficial, pues nunca se hizo pública noticia alguna sobre él y la materia en conjunto está muy demasiado más allá de nuestro alcance para que pudiera ser provechosa su publicación. Por lo tanto, nos limitaremos a las dos primeras divisiones.

Antes de entrar en pormenores acerca del período probatorio, conviene decir que en casi todos los libros sagrados de Oriente es considerado este peldaño como simplemente preliminar y raramente como parte del sendero todo, porque consideran que sólo se entra en éste cuando se dan definitivas prendas. Mucha confusión ha ocasionado el hecho de que el número de los peldaños comience ocasionalmente en este punto, aunque más a menudo al principio de la segunda gran división; algunas veces se cuentan los peldaños y otras veces las iniciaciones conducentes a dentro o fuera de ellos, de modo que al estudiar los libros ha de estar uno constantemente sobre aviso para no caer en error.

Sin embargo, el carácter de este período probatorio difiere notablemente del de los otros. Las divisiones entre sus peldaños no son tan precisas como la de los grupos superiores, y los requisitos no son tan definidos ni tan rigurosos. Pero será fácil explicar este último punto después de dar una relación de los cinco peldaños de este período con sus respectivos requisitos. Los cuatro primeros han sido hábilmente descritos por el Sr. Mohini Mohun Chatterji en la primera labor cumplida por la Logia de Londres, a la que remitimos al lector para más completas explicaciones de las que podemos dar aquí. Muy valiosa información sobre ello dió también la Sra. Besant en sus libros: *El Sendero del Discipulado* y *En el recinto externo (Hacia el Templo).*

El nombre de los peldaños diferirá en algo, porque en esos libros rige la terminología indosánscrita, mientras que la nomenclatura pali, que empleamos aquí, es la del sistema buddhista; pero, aunque la materia se nos alcance desde otro aspecto, los requisitos serán exactamente los mismos por más que varíe la forma externa. Entre paréntesis pondremos la equivalencia léxica de cada palabra y a continuación la explicación dada ordinariamente por el Maestro.

1. *Manodvaravajjana.* (La apertura de las puertas del entendimiento; o, tal vez, el escape por la puerta del entendimiento.)—En este peldaño el candidato adquiere una firme convicción de la deleznabilidad y vanidad de las aspiraciones puramente terrenas. Esto suele describirse a menudo como el aprendizaje de la diferencia entre lo real y lo ilusorio, para lo que a veces es preciso largo tiempo y difíciles lecciones. Evidente es que tal aprendizaje debe ser el primer paso hacia el verdadero progreso, porque ningún hombre entra alegremente y de todo corazón en el sendero hasta que definitivamente se resuelve a "poner sus miras en las cosas del cielo y no en las de la tierra"; y esta resolución dimana de la certidumbre que nada de lo terreno tiene valor alguno si se compara con la más alta vida. A este paso le llaman los indos la adquisición del *Viveka* o discernimiento, y el Sr. Sinnett lo considera como la sumisión al yo superior.

2. *Parikamma.* (Preparación a la acción.)—Es el peldaño en que el candidato aprende a obrar en justicia, por consideración sencillamente a la justicia, sin haber cuenta de su propio provecho o perjuicio en este mundo o en el venidero. Además adquiere, según explican los libros orientales, perfecta indiferencia a gozarse en el fruto de sus propias acciones. Esta indiferencia es el natural resultado del paso an-

terior; porque una vez se percata el neófito del vano y transitorio carácter de todas las recompensas humanas, cesa de desearlas; una vez brille en su alma la refulgencia de lo real, nada absolutamente de lo de aquí abajo podrá ser objeto de sus ansias. A esta elevada indiferencia le llaman los indos *vairagya*.

3. *Upacharo.* (Atención o proceder.)—Es el peldaño en que deben adquirirse "las seis cualidades" (las *Shatsampatti* de los indos), que en pali se llaman como sigue:

a) *Samo.* (Quietud.)—Aquella pureza y calma de pensamiento que dimanan del perfecto gobierno de la mente. Es una cualidad en extremo difícil de alcanzar y la más necesaria porque si el entendimiento no actúa de acuerdo únicamente con la voluntad, no puede ser adecuado instrumento para la obra del Maestro en lo porvenir. Esta cualidad es de muy vasta extensión y entraña a la vez el dominio de sí mismo y la calma ya descrita en el capítulo XIV como necesaria para la acción astral.

b) *Damo.* (Subyugación.)—Un parecido dominio sobre las palabras y actos y, por lo tanto, pureza de unas y otros. Es cualidad que se deduce necesariamente de la anterior.

c) *Uparati.* (Cese.)—Se explica como el cese del fanatismo o creencia en la necesidad de algún acto, práctica o ceremonia prescrito por determinada religión, conduciendo así al aspirante a la independencia de pensamiento y a una amplia y generosa tolerancia.

d) *Titikkha.* (Aguante o paciencia.)—Con ello se significa la facilidad de soportar alegremente cualquier clase de karma que pueda sobrevenir y separarse de cualquiera y cada cosa mundana si fuese ello necesario. Esto abarca también la idea de la completa carencia de rencor por injurias, pues conoce que quienes le injurian no son sino instrumentos de su karma.

e) *Samadhana.* (Aplicación.)—El rigor consigo mismo, que entraña la incapacidad de desviarse del sendero por la tentación. Se relaciona muy estrechamente con la docilidad o ingenuidad mental de que se habló en el capítulo anterior.

f) *Saddha.* (Confianza.)—Confianza en el Maestro y en uno mismo. Confianza que consiste en considerar al Maestro como aleccionador competente; y en que por desconfianza que sienta el discípulo en sus propias fuerzas, arde en su interior aquella divina chispa que convertida en llama le hará capaz de realizar cuanto su Maestro realiza.

4. *Anuloma.* (Orden o sucesión directa, como significando que el logro de esta cualidad es consecuencia natural de las otras tres.)—Es el peldaño que se adquiere el intenso deseo de liberación de la vida terrena para unirse a la

más elevada. A esto le llaman los indos *Mumukshatva.*

5. *Gotrabhû.* (Condición de aptitud para la iniciación.)—En este peldaño el candidato reúne, por decirlo así, sus adquisiciones previas y las fortalece en el grado necesario para el próximo gran paso que le colocará en el sendero, propiamente como discípulo aceptado. Al logro de este nivel sigue muy rápidamente la iniciación en el próximo grado. Respondiendo a la pregunta "¿Quién es Gotrabhû?", dijo Buda: "Es Gotrabhû el hombre que posee las condiciones de las cuales se sigue inmediatamente el comienzo de la santificación."

La sabiduría necesaria para la recepción en el sendero de santidad se llama *Gotrabhû-gñana.*

Vislumbrados rápidamente los peldaños del sendero probatorio, examinemos el punto a que al principio nos referimos, o sea que el perfecto logro de estos requisitos y cualidades no hemos de esperarlo en este peldaño terrenal. Como dice el Sr. Mohini: "Si todas ellas son igualmente vigorosas, el Adeptado se alcanza en la misma encarnación." Pero tal resultado es en extremo raro. El candidato debe esforzarse sin cesar en adquirirlas, pero fuera erróneo suponer que nadie ha sido admitido a un peldaño sin poseerlas todas en el más alto grado posible. Ni tampoco es necesario que a un peldaño siga precisamente otro en el mismo orden definido, porque en algunos casos podrá un hombre desarrollar varias cualidades mucho mejor simultáneamente que en regular sucesión. Es evidente que un hombre puede fácilmente trabajar durante una gran parte de este sendero, aunque esté completamente ignorante de su existencia; y sin duda muchos buenos cristianos y muchos ardientes librepensadores están ya muy adelantados en el camino que eventualmente les conducirá a la iniciación, aunque en su vida no hayan oído hablar ni una palabra de ocultismo. Hago mención especial de cristianos y librepensadores porque las demás religiones admiten como posible el perfeccionamiento oculto, y, por lo tanto, lo echarán ciertamente de ver quienes anhelen algo de más satisfactorio que las creencias exotéricas.

También debemos notar que los peldaños del período probatorio no están separados por iniciaciones en el riguroso sentido de la palabra, aunque estén salpicados de pruebas y ensayos de toda clase y en todos los planos, y puedan ser avivados por fortalecedoras experiencias y por sugestiones y auxilios en cualquier tiempo en que seguramente puedan darse. Algunas veces propendemos a emplear la palabra iniciación un tanto ligeramente, como, por ejemplo, cuando la aplicamos a las pruebas que acabamos de citar; pero en rigor sólo se refiere a la solemne ceremonia en que un discípulo es formalmente admitido a un más alto grado por un adecuado ministro que en nombre del Ser Iniciador recibe sus votos y pone en sus manos la nueva llave de conocimiento que ha de usar en el nivel alcanzado en aquel punto. Tal iniciación tiene efecto al entrar en la división que vamos a considerar y también al pasar de un peldaño al que le sigue inmediatamente

CAPITULO XVI

EL SENDERO PROPIAMENTE DICHO

En los cuatro peldaños de esta división del sendero es donde han de quebrantarse los diez *Sauryojana* o ligaduras que atan al hombre al ciclo de reencarnaciones y lo retienen tras el Nirvana. Aquí aparece la diferencia entre el período del discipulado con fianza y la prueba previa. Ningún parcial éxito en desembarazarse de estas ligaduras es suficiente a este punto, pues antes de que el candidato pueda pasar de un peldaño al inmediatamente próximo, debe estar *completamente* libre de algunos de estos impedimentos, y cuando los enumeremos se verá cuán difícil de alcanzar es este requisito y no nos maravillaremos de que los libros sagrados digan que algunas veces son precisas siete encarnaciones para recorrer esta división del sendero.

Cada uno de aquellos cuatro peldaños o trechos se subdivide a su vez en otros cuatro. Cada uno de ellos tiene: 1.° El *Maggo* o camino durante el cual se esfuerza el estudiante en desembarazarse de las ligaduras; 2.° El *Phala* (goce del fruto), o sea cuando echa de ver el resultado de su acción que más y más se le muestra; 3.° El *Bhavagga,* o consumación, que es el subtrecho en que llegado el resultado a su algidez, queda el estudiante capaz de cumplir satisfactoriamente el trabajo pertinente al trecho por donde a la sazón firmemente camina; y 4.° El *Gotrabhû,* que, como antes se dijo, significa el tiempo en que llega a la aptitud necesaria para recibir la inmediata iniciación.

El primer trecho es:

I. *Sotapati* o *Sohan.*—Al discípulo que ha llegado a este nivel se le llama *Sowani* o *Sotapanna,* esto es, "el que ha entrado en la corriente"; porque desde este período, aunque vacile, aunque sucumba a violentas tentaciones y se desvíe del camino por una vez, no retrocederá completamente de su estado espiritual para volver a ser mundano. Ha entrado ya en la corriente de la evolución superior humana por la que todo hombre ha de seguir en la próxima ronda, a menos que por transitorios deslices le deje atrás la gran ola de la vida, para esperar ulteriores progresos, hasta la próxima cadena de mundos. El discípulo capaz de recibir esta iniciación se ha adelantado, por lo tanto, a la mayoría de la humanidad en el período completo de una ronda de todos nuestros siete planetas, y al hacerlo así se ha precavido definitivamente contra la posibilidad de separarse de la corriente en la quinta ronda. Por lo tanto, se le suele llamar *el salvo* o *el seguro*.

De comprender mal esta idea surgió la peregrina teoría de la salvación, defendida por una secta cristiana. La salvación eoniana de que hablan algunos textos no es, como blasfemamente supusieron los ignorantes, la salvación de eternos tormentos, sino sencillamente la de inutilizar el apoyo de este eón o dispensación por desviarse de la línea de perfeccionamiento. Este es también el natural significado de las palabras del credo de Anastasio: "Para ser salvo se requiere ante todo profesar la fe católica." (Véase *The Christian Creed,* pág. 91.)

Los impedimentos, embarazos o ligaduras que hemos de quebrantar antes del paso al próximo trecho son:

1.° *Sakkayaditthi.*—La ilusión del yo.
2°. *Vichikichchha.*—Duda e incertidumbre.
3.° *Silabbataparamasa.*—Superstición.

El primero es el "yo soy yo" o conciencia que relacionada con la *personalidad* no es más que una ilusión y debe ser desechada en el primer trecho del verdadero sendero de progreso. Pero quebrantar del todo dicho impedimento significa aún más que esto, porque entraña la realización del hecho que la individualidad es verdaderamente una con el Todo y que, por lo mismo, nunca puede tener un interés opuesto al de sus hermanos, y que tanto más verdaderamente progresa quien con mayor ahinco contribuye al progreso de los demás.

Porque el verdadero signo y estigma de haber alcanzado el nivel *Sotapatti* es el primer ingreso del discípulo en el plano inmediatamente superior al mental, aquel que comúnmente llamamos búdico. Puede ser y será este ingreso un ligerísimo toque de los más bajos subplanos de aquella portentosamente excelsa condición que el discípulo puede, no obstante, experimentar en vislumbre antes de entonces con la ayuda del Maestro; pero aun este toque es algo que jamás se olvida, algo que abre un nuevo mundo ante él y subvierte enteramente sus ideas y sentimientos. A la sazón, mediante la extensa conciencia de aquel plano, por vez primera se convence verdaderamente de la oculta unidad de todas las cosas, no sólo como simple concepto, sino como hecho definitivo y patente a sus abiertos ojos; entonces conoce realmente, por primera vez, algo del mundo en que vive; entonces, también por vez primera, alcanza un tenue vislumbre de lo que deben de ser el amor y la compasión de los grandes Maestros.

Respecto al segundo impedimento conviene

anteponer dos palabras. Los que nos hemos educado en las costumbres mentales de Europa, estamos, desgraciadamente, tan familiarizados con la idea de exigir a los discípulos ciega e irrazonable adhesión a ciertos dogmas, que al oir que el ocultismo considera la *duda* como un obstáculo al progreso, nos inclinamos a suponer igualmente que también es precisa la misma incuestionable fe de sus adictos como exigen las modernas supersticiones. Nada más falso.

Es verdad que la duda (o más bien la incertidumbre), en determinadas cuestiones, es un obstáculo al perfeccionamiento espiritual; pero el antídoto de esta duda no es la fe ciega (que está considerada como un impedimento, según veremos), sino la certeza de convicción hallada en experiencias personales de matemática demostración. Si un niño duda de la exactitud de la tabla de multiplicar, difícilmente aprenderá las matemáticas; y sus dudas sólo podrán ser satisfactoriamente resueltas por la comprensión basada en razonamientos y demostraciones que evidencien la verdad de la tabla. Cree que dos y dos son cuatro, no precisamente porque así se lo enseñaron, sino porque ha llegado a ser para él un hecho evidente. Y éste es rigurosamente el único método que para resolver las dudas conoce el ocultismo.

Se ha definido el *Vichikichchha* como la duda

de las doctrinas del karma y de la reencarnación, y de la eficacia del método de alcanzar el supremo bien por el sendero de santidad. Librándose de él, llega el *Samyojana* a la absoluta certidumbre, basada ya sobre su personal y directo conocimiento, ya sobre la razón de que son verdaderas las enseñanzas esotéricas tocantes a dichos puntos.

El tercer impedimento que se ha de quebrantar comprende toda clase de irracionales o engañosas creencias, toda dependencia en la eficacia de ritos externos y ceremonias para purificar el corazón. El que lo quebrante conocerá que eso depende de uno mismo, no de otros ni del aparente cascarijo de cualquier religión.

Los tres primeros impedimentos están relacionados en ordenada serie. Una vez conocida plenamente la diferencia entre la individualidad y la personalidad, es posible apreciar algo extensamente el actual proceso de reencarnación y disipar así toda duda sobre el particular. Hecho esto, el conocimiento de la permanencia espiritual del verdadero yo suscita la confianza en la propia fuerza espiritual de uno mismo y disipa la superstición.

II. *Sakadagami.*—Al discípulo que ha entrado en esta segunda etapa se le llama *Sakadagamín,* esto es: "el hombre que retrocede sólo una vez". Significa que el hombre que ha alcanzado este nivel sólo necesitará otra encarnación para llegar al Arahatado. En este período, no se ha de quebrantar ningún impedimento adicional, sino que el discípulo está ocupado en reducir al mínimo los que todavía le encadenan. Sin embargo, es comúnmente un período de considerable perfeccionamiento psíquico e intelectual. Si no se han adquirido previamente las que comúnmente llamamos facultades psíquicas. deben ser desarrolladas durante este período, porque sin ellas fuera imposible asimilarnos el conocimiento que se nos ha de dar ni cumplir la elevada obra en favor de la humanidad, en la que el discípulo tiene ya en aquel punto el privilegio de cooperar. Debe ser dueño de su conciencia astral durante la vigilia de su vida física, y durante el sueño se abrirá ante él el mundo celeste, porque la conciencia de un hombre cuando está fuera de su cuerpo físico es siempre un grado más elevada que la que posee mientras habita en la fatigante prisión de la carne.

III. *Anagami.* (El que no vuelve).—Se le llama así porque habiendo alcanzado este nivel debe ser capaz de alcanzar el próximamente inmediato a su actual existencia. Durante las cotidianas tareas de su profesión goza de las espléndidas posibilidades de progreso que da la plena posesión de las inestimables facultades del mundo celeste, y cuando por la noche abandona su vehículo físico entra otra vez en la maravillosamente amplia conciencia propia de budhi.

En este período se desembaraza finalmente de cualquier pertinaz residuo de los dos impedimentos siguientes:

4. *Kamaraga.*—Afección al goce emocional representado en el amor terreno; y

5. *Patigha.*—Toda posibilidad de ira o de odio.

El discípulo que se ha desembarazado de estos impedimentos ya no puede vibrar en modo alguno por influencia de sus sentidos, ya sea en amor u odio, y queda libre de afecto, ansia o anhelo en las condiciones del plano físico. Aquí hemos de precavernos de nuevo contra un posible error con el que solemos tropezar. El realmente puro y noble amor humano *nunca* muere, nunca y de ningún modo mengua a causa de la educación esotérica; por el contrario, se acrecienta y explaya hasta abarcarlo todo con el mismo fervor que al principio fué prodigado a uno o dos seres. Pero el estudiante debe con el tiempo distraer toda consideración referente a la mera personalidad de los que le rodean, y así estará libre de todas las injusticias y parcialidades que el amor ordinariamente entraña. No hemos de suponer ni por un momento que al alcanzar este amplio afecto hacia todo, pierda el particular amor a sus más íntímos allegados. El singularmente perfecto eslabón entre Ananda y Budda como entre Juan y Jesús, prueba que, por el contrario, este particular amor toma enorme intensidad, y que el lazo entre un Maestro y Sus discípulos es más fuerte que cualquier otro terrenal ligamento. Porque el afecto que florece en el sendero de santidad es afecto entre egos y no entre personalidades; por lo tanto, es fuerte y permanente, sin miedo de que disminuya o vacile, porque es aquel amor perfecto que ahuyenta todo temor...

IV. *Arahat.* (El venerable, el perfecto.)—Al alcanzar este nivel, el aspirante goza de continuo la conciencia del plano búdhico y es capaz de usar sus potencias y facultades aun en el cuerpo físico; y si lo abandona durante el sueño o el éxtasis, pasa inmediatamente a la inefable gloria del plano nirvánico. En este estado el ocultista debe desechar los últimos residuos de los cinco postreros impedimentos, que son:

6. *Ruparaga.*—Deseo de belleza de forma o de existencia física en cualquier forma, incluso la del mundo celeste.
7. *Aruparaga.*—Deseo de vida sin forma.
8. *Mano.*—Orgullo.
9. *Uddhachcha.*—Agitación o irritabilidad.
10. *Avidya.*—Ignorancia.

Debemos notar en esto que el deseche del *Ruparaga,* no sólo entraña la anulación del deseo de vida terrena y de la astral y devakánica, por gloriosas que unas y otras puedan ser, sino también de toda propensión a quedar indebidamente atraído o repelido por la belleza externa o la aparente fealdad de alguna persona o cosa.

El Aruparaga, o deseo de vida, ya en los más altos planos sin forma del mundo celeste, ya en el todavía más excelso plano búdico, sería sencillamente una especie más sutil y menos sensual de egoísmo y debe desecharse de la misma manera que el más grosero.

Uddhachcha significa literalmente "propensión a ser perturbado en el pensamiento"; y el hombre que del todo se desembarazase de este impedimento sería absolutamente impávido, indiferente a cualquier cosa que pudiera sucederle, perfectamente inaccesible a cualquier clase de ataque a esta dignificada serenidad.

El deseche de la ignorancia entraña naturalmente la adquisición de la perfecta sabiduría, la omnisciencia práctica por lo que concierne a nuestro sistema planetario. Cuando han desaparecido todos lo impedimentos, el ego alcanza el quinto trecho, el trecho del completo Adeptado, y llega a ser.

V. *Asekha*. ("El que ya no tiene nada que aprender" en lo relativo a nuestro sistema planetario.)—En nuestro actual nivel es imposible que comprendamos lo que significa este logro. Todo el esplendor del plano nirvánico se extiende ante los despiertos ojos del Adepto, mientras que cuando le place abandonar su cuerpo tiene poder para entrar en algo todavía más elevado: en un plano del cual sólo conocemos el nombre. Como dice el profesor Rhys Davids: "Queda entonces libre de todo pecado; ve y aprecia todas las cosas en su verdadera existencia y en su justo valor; y como de su mente está desarraigado todo mal, sólo siente deseos justos y nobles en sí mismo, y tierna compasión y miramientos y sublime amor hacia los demás."

Para demostrar cuán poco ha perdido el sentimiento de amor, dice el Metta Sutta al tratar del estado intelectual de quien se halla en este nivel: "Como ama una madre, que aun a riesgo de su vida protege sólo a su hijo; así siente el amor hacia todos los seres. Con benevolencia inmensa influye en el mundo entero, arriba, abajo, alrededor, sin límites, sin sentimiento alguno de interés diferente u opuesto. Cuando un hombre permanece firmemente en este estado mental, sin cesar un punto, ya esté quieto o andando, ya sentado o acostado, entonces llega a realizar lo que está escrito: "Aun en esta vida se halló la santidad."

CAPITULO XVII

MÁS ALLÁ

Es evidente que, más allá de este período, nada sabemos de las nuevas cualidades requeridas para el acceso a los aún más altos niveles que se extienden ante el hombre perfecto.

No cabe duda, sin embargo, que cuando un hombre llega a ser *Asekha* ya apuró todas las posibilidades de perfeccionamiento moral, y que mayor adelanto para él, sólo puede significar un todavía más extenso conocimiento y una aún más maravillosa fuerza espiritual. Sabemos que cuando el hombre alcanza esta espiritual virilidad, ya por el tardío curso de la evolución, ya por el más corto sendero de la autoperfección, asume el pleno gobierno de sus propios destinos, escoge su futura trayectoria de evolución entre los siete senderos posibles que ve abiertos ante sus ojos.

Naturalmente, en nuestro nivel actual no cabe esperanza de comprender gran cosa sobre este particular, y la débil silueta de algunos de estos senderos, que es todo cuanto podemos alcanzar, dice muy poco a la inteligencia, pues por la mayor parte los elige el Adepto enteramente aparte de nuestra cadena planetaria que no le permite suficiente campo para su evolución.

Uno de los senderos es el de quien según la frase científica: "acepta el Nirvana".

Acerca de si durante incalculables eones permanecen en esta sublime condición porque su tarea es la de prepararse la futura línea de evolución, es asunto sobre el cual nada sabemos; y, verdaderamente, si alguna noticia pudiera darse respecto de estos puntos, es más que probable que no la comprendiéramos en nuestro presente estado de evolución.

Pero si no esto, al menos podemos inferir que el beatífico estado de Nirvana no es, como algunos han supuesto ignorantemente, una condición de estéril aniquilamiento sino por el contrario, de la más intensa y benéfica actividad; y que según el hombre se eleva en la escala de la naturaleza, sus posibilidades son mayores y su trabajo en pro de otros mayor y más difícil de alcanzar; y que aquella infinita sabiduría y poder infinito tan sólo significan para él infinita capacidad para el servicio, porque son dirigidos por infinito amor.

Otros escogen una evolución espiritual no enteramente alejada o separada de la humanidad, porque aunque no directamente relacionada con la próxima cadena de nuestro sistema, se extiende en dos largos períodos correspondientes a su primera y segunda rondas, al fin de cual tiempo también se le presentará la "aceptación del Nirvana", pero en mayor grado que el previamente dicho.

Otros se unen a la evolución del deva cuyo progreso se extiende a lo largo de una gran cadena formada por siete cadenas como las nuestras, cada una de las cuales es para ellos como un mundo. Esta clase de evolución se considera como la más gradual y, por lo tanto, la menos ardua de las siete carreras; pero aunque de ella se haga referencia en los libros como "propensa a la tentación de llegar a ser un dios" ello sólo es así comparado con la sublime alteza de renunciación del *Nirmanakaya* que puede llamarse de esta semidespectiva manera porque el Adepto que escoge este sendero tiene verdaderamente un glorioso camino ante él, y aunque el escogido no sea el más corto, es, sin embargo, nobilísimo.

Otro grupo es el de los *Nirmanakayas;* aquellos que rechazando todos esos fáciles métodos, escogen el más corto, pero el más escabroso sendero que conduce a las supremas alturas que ante él se yerguen. Forman lo que en términos poéticos se llama el "muro protector" y, como se nos dice en *La Voz del Silencio,* protegen el mundo de mayores y ultérrimas miserias y aflicciones, consagrando todas sus fuerzas al trabajo de derramar sobre él un raudal de fuerza espiritual y auxiliadora sin la cual estaría seguramente sumido en mayor desesperación que lo está ahora.

Todavía quedan aquellos que permanecen en más directa asociación con la humanidad y continúan revistiéndose de la carne, escogiendo el sendero que conduce a lo largo de las cuatro etapas que antes hemos llamado período oficial. Entre ellos están los Maestros de Sabiduría, aquellos de quienes los estudiantes de Teosofía aprendimos los fragmentos que conocemos de la potente armonía de la Naturaleza. Mas parece que sólo un número relativamente corto escoge esta carrera; tal vez sólo los que son necesarios para llevar a cabo este aspecto físico de las tareas protectoras.

Al oir hablar de estas diferentes posibilidades, muchos exclaman temerariamente que en la mente de un Maestro sólo debiera surgir el pensamiento de escoger aquel camino en que mejor pudiera ayudar a la humanidad; pero si supieran más no harían esta observación los que la hacen, pues no debemos olvidar que hay otras evoluciones en el sistema solar además de la nuestra, y sin duda es necesario para el desenvolvimiento del vasto plan del Logos que haya Adeptos operantes en los siete órdenes a que nos hemos referido. Seguramente la elección hecha por el Maestro tendrá por fin el ir allí donde su trabajo sea más necesario, colocando sus servicios, con absoluta abnegación de sí mismo, a disposición de las Potestades que rigen esta parte del gran plan de evolución.

Este es el sendero que ante nosotros se extiende, el sendero que cada uno de nosotros está empezando a recorrer.

Aunque prodigioso por sus elevadas lejanías, recordemos que hemos de seguirlo gradualmente, pasa a paso, y que los que ahora están cercanos a la meta, se arrastraron antes en el cieno del valle, como nosotros ahora.

Aunque al principio parezca este sendero áspero y fatigoso, según vamos subiendo nuestras pisadas llegan a ser firmes y nuestra vigilancia más amplia, y así nos hallamos más capaces de ayudar a los que tras de nosotros vienen trepando.

Porque al principio es arduo y fatigoso para el yo inferior, se le ha designado algunas veces con el engañoso título de "Sendero de angustia"; pero, como dice hermosamente la señora Besant, en el fondo de todos esos sufrimientos late un profundo y esperanzado gozo de lo alto. Cuando se desvanece el último girón de la personalidad, se desvanece también todo lo que puede sufrir, y en el perfeccionado Adepto existe la imperturbable paz y el perpetuo gozo. Ve el fin hacia el cual todo propende en continua labor, y se regocija en este fin conociendo que las tristezas de la tierra no son más que una transitoria fase de la evolución humana.

Esto que acabamos de tratar sucintamente es el profundo contento que dimana de estar en el sendero, de propender por el camino hacia la meta, de conocer que se acrecienta la potencia de ser útil y que la naturaleza inferior se va extirpando paulatinamente. Poco hemos dicho de los rayos de gozo que fluyen sobre el sendero desde los más altos planos, de la deslumbrante claridad de la revelada gloria, de la serenidad contra la que no pueden prevalecer las tormentas de la tierra. Para quienquiera que haya entrado en el sendero, todos los demás caminos pierden su encanto, y sus tristezas tienen más penetrante deleite que los más refinados placeres del bajo mundo. (Vahan, vol. V, número 12.)

No desespere, sin embargo, el hombre creyendo que la tarea es demasiado espinosa para él; lo que el hombre hizo, el hombre lo puede hacer; y en la proporción en que extendamos nuestro auxilio a aquellos a quienes podamos ayudar, nos auxiliarán quienes a su vez alcanzaron la capacidad de auxiliarnos. Así, desde lo ínfimo a lo supremo, los que andamos hollando las etapas del sendero estamos ligados unos a otros por larga cadena de mutuos servicios, y nadie ha de creerse olvidado o solo, porque aunque a veces los inferiores peldaños de la gran escala puedan estar envueltos en neblinas, conocemos que conducen a las felicísimas regiones de purísimo ambiente en donde inextinguible refulge la sempiterna Luz.

FIN

LOS
ANGELES CUSTODIOS
Y OTROS PROTECTORES INVISIBLES

POR

C. W. Leadbeater

VERSIÓN ESPAÑOLA

DE

R. U. G.

LOS ANGELES CUSTODIOS

Y OTROS PROTECTORES INVISIBLES

Uno de los más hermosos caracteres de la enseñanza teosófica, a mi entender, es que devuelve al hombre las más útiles y saludables creencias de las religiones que ha abandonado. Hay muchos hombres que, creyendo que no deben resolverse a aceptar algunas de las más usuales, miran, sin embargo, volviéndose atrás, con algúu sentimiento, las más hermosas ideas que tuvieron en su infancia. Surge en ellas como un crepúsculo lleno de luz, y reconociendo el hecho, no pueden volver a su primitiva actitud como desean, aunque sean amables esas visiones del crepúsculo y la misma claridad no sea tan fuerte comparativamente con sus más bajos tonos. La teosofía viene, pues, en auxilio de esos hombres y les muestra que toda la gloria, la belleza y la poesía, vislumbres que obscuramente han columbrado en ese crepúsculo, existen como realidades vivas, y que en vez de desaparecer ante la luz del día, sus esplendores se extenderán con mayor intensidad por ella. Esta enseñanza les devolverá su poesía sobre una nueva base, fundada en hechos científicos en vez de estarlo sobre una tradición incierta. Un buen ejemplo de ello puede suministrarse con la que emprendo bajo el título de Los ÁNGELES CUSTODIOS Y OTROS PROTECTORES INVISIBLES. Hay una infinidad de preciosísimas tradiciones acerca de la custodia espiritual y de la mediación angélica que habrán por igual de creerse, si podemos verlos únicamente en nuestro camino para aceptarlos de un modo racional. He aquí lo que espero explicaros esta noche con cuanto su extensión lo consienta.

La creencia en semejante intervención es verdaderamente antiquísima. En las más primitivas leyendas de la India hallamos huellas de apariciones de las deidades menores en los momentos más críticos de los asuntos humanos. Los poemas griegos están llenos de historias semejantes, y en la misma historia de Roma leemos que los dioses gemelos Cástor y Pólux guiaron los ejércitos de la naciente República en la batalla del Lago Régilo. En la Edad Media consignaremos que Santiago auxilió a las tropas españolas para que venciesen (1), y son muchos los cuentos de ángeles que vigilan sobre el piadoso caminante o que intervienen en el crítico momento protegiéndole con su brazo.

Es una "mera superstición popular", dicen bastantes personas. Quizá; pero dondequiera que encontramos una superstición popular muy extendida y arraigada, hallamos también por modo invariable algún rastro de verdad; verdad torcida y exagerada, si se quiere; pero verdad al fin. Y éste es el caso de nuestro ejemplo.

La mayor parte de las religiones hablan al hombre de ángeles custodios que están cerca de él en tiempos de aflicción y de trastorno. El Cristianismo no se exceptuó de esta regla; pero por sus pecados cayó sobre la cristiandad la tempestad que por una extraordinaria inversión de la verdad se llamó la Reforma, y por cuya espantosa explosión hubo numerosísimas pérdidas, de las que en gran parte no nos hemos resarcido todavía. Que existía un terrible abuso y que la Iglesia necesitaba una reforma, no he de ponerlo en duda; es más: seguramente fué un verdadero castigo celeste por los pecados que había perpetrado. Así el llamado Protestantismo vació y obscureció el mundo de sus secuaces, porque entre muchas extrañas y tris-

(1) Un caso más reciente, entre nosotros, es el de San Narciso en Gerona en el siglo pasado. — N. del T.

tes falsedades se encargó de difundir la teoría de que nadie ocupa los infinitos escalones que median entre lo divino y lo humano. Nos ofreció la extraña concepción de una constante y caprichosa oposición del Gobernador del universo con el actor de sus propias leyes y el resultado de sus propios decretos, y esa frecuencia en la súplica de sus criaturas, que aparentemente presumen conocer mejor que El lo que les conviene.

Sería imposible, si uno pudiera llegar a creer tal cosa, desterrar de la mente la idea de que si tal oposición existiese, sería, en verdad, parcial e injusta. En teosofía no tenemos tal pensamiento, como ya he dicho en otra parte; tenemos nuestra creencia en una perfecta justicia divina, y por eso reconocemos que no puede haber intervención alguna, a menos que la persona auxiliada haya merecido tal ayuda. Pero aun entonces, no será por una directa intervención divina, sino por medio de aquellos agentes. Sabemos también por nuestro estudio y nuestra personal experiencia que hay muchos escalones intermedios entre lo humano y lo divino. La antigua creencia en los ángeles y arcángeles está justificada por los hechos, pues así como existen varios reinos inferiores a la humanidad, los hay también que están por encima de ella. Y los que están sobre ellos mantienen la misma posición sobre nosotros que nosotros respecto del reino animal. Sobre nosotros está el gran reino de los devas o ángeles, sobre ellos otra evolución que ha sido llamada la de los *Dhyan-Choans*—aunque se dé este nombre a otros órdenes más inferiores—, y así progresivamente hasta llegar a las gradas de lo Divino. Todo es una gradación vital desde el propio Logos hasta el polvo que hay bajo nuestros pies; y de esa gran escala, la humanidad no es más que uno de sus escalones. Hay muchos peldaños por debajo y por encima de nosotros, y cada uno de ellos está ocupado. Sería absurdo que supusiéramos que constituimos la más elevada forma del desenvolvimiento; la última etapa de la evolución. El que aparezcan en la humanidad hombres mucho más avanzados, muéstranos un estado superior y nos da un ejemplo que imitar. Hombres como el Buddha, como el Cristo, y como tantos otros menos ilustres, ofrecen ante nuestros ojos un gran ideal, que, trabajando, puede conseguirse por nosotros en el presente.

Ahora bien: si las intervenciones especiales en los asuntos humanos pueden efectuarse, ¿hemos de considerar a las huestes angélicas como los probables agentes empleados en ellas? Algunas veces, pero muy raramente, porque esos elevados seres tienen un propio trabajo que cumplir, relacionado con su lugar en el poderoso esquema de las cosas, y apenas si tienen relación o mediación con nosotros. Sin embargo el hombre inconscientemente, es por modo extraordinario tan fatuo, que se siente inclinado a pensar que todos los grandes poderes del universo deben estar vigilando sobre él y prontos a socorrerle, así en sus sufrimientos como en su propia locura o ignorancia. Olvida que no obra como una providencia bienhechora acerca de los reinos inferiores, y que no sale de su camino para adelantarse y ayudar a los animales. A veces representa para ellos como el papel del demonio según la ortodoxia, y destruye sus vidas vigorosas e inocentes que tortura y frívolamente consume para satisfacer tan sólo su degradado deseo de crueldad, bajo la convenida denominación de deporte. En otras ocasiones les mantiene en la esclavitud, y si les manifiesta algún cuidado, es sólo porque trabajan para él. Nada hace, empero, para que adelanten en su evolución en abstracto. ¿Cómo puede esperar, pues, de los seres superiores lo que está muy lejos de hacer con los que se hallan un peldaño más bajos?

Bueno fuera que el reino angélico se entremetiese en sus propios negocios, no teniendo más noticias nuestras que las que tenemos nosotros de los gorriones de un árbol. Puede ocurrir, sin embargo, que un deva auxilie en alguna tristeza humana o en alguna dificultad al que le mueva a piedad; y podrá ayudarnos, justamente, como debemos empeñarnos en asistir a un animal en un contratiempo, pero seguramente su poderosa visión reconocerá de hecho, que en el presente estado de evolución semejantes intervenciones pueden, en la mayoría de los casos, producir infinitamente más daño que bien.

En las más remotas edades el hombre fué con frecuencia protegido por esos extra-terrestres agentes, porque entonces no era aún nuestra infantil humanidad capaz de recibir las enseñanzas de los maestros; pero ahora que hemos llegado a la adolescencia hemos de suponer que nos hallamos en un estado en el que podemos proveernos de guías y protectores entre nuestro propio rango.

Hay además otro reino en la naturaleza que es muy poco conocido: el de los espíritus naturales o el de las hadas. Aquí también la tradición popular ha conservado la huella de la existencia de una suerte de seres que la ciencia no conoce. Se les ha dado una infinidad de nombres: ninfas, gnomos, elfos, duendes, silfos, ondinas, huestes, etc., etc.; y pocos países hay en los que la demótica no los halle. Son seres que poseen un cuerpo astral o etéreo, y que, por lo tanto, sólo bajo ciertas circunstancias pueden hacerse visibles al hombre. Por lo general evitan su vecindad, pues no gustan de sus salvajes explosiones de pasión y de deseo; así es que por lo común se ven en algún sitio solitario y por algún montañés o algún pastor, que hacen sus trabajos lejos del importuno trajín de las gentes, y a veces ha ocurrido que una de esas criaturas ha llegado a unirse a algún ser humano y le ha consagrado sus servicios como vemos en las historias de los montañeses de Escocia; pero apenas, del mismo modo, puede esperarse una asistencia inteligente de entidades de esa clase (1).

Un auxilio tal lo prestan los grandes adeptos, los Maestros de Sabiduría, hombres como nosotros, pero tan altamente evolucionados, que podemos considerarlos como dioses por sus poderes, su sapiencia y su compasión. Ellos se consagran por completo al trabajo de ayudar la evolución. ¿Pueden de un modo igual intervenir en los acontecimientos humanos alguna vez? Ocasionalmente acaso, pero de un modo excepcional, porque tienen otras cosas más grandes que hacer. El ignorante llega a creer que los adeptos deben venir a las grandes ciudades y socorrer al pobre; digo el ignorante, porque sólo uno excesivamente ignaro e increiblemente

(1) Entre nosotros hay un libro famoso, y más citado que leído, que trata de este asunto. Es el compuesto en Madrid en 1677 por Fray Antonio Fuente Lapeña, bajo el título de *El ente dilucidado*, donde se dice que el duende "es un animal invisible *secundum quid* o casi invisible, trasteador". — Sección 4.ª, subsección 5.ª — N. del T.

presuntuoso se aventura a dictar una conducta a los que son infinitamente más sabios y más grandes que él. El hombre sensato y modesto realizará lo que aquellos ordenen por su buena razón, e injuriarlos sería el colmo de la estupidez y la ignorancia. Tienen una misión propia que realizar sobre planos más elevados; y así comunican directamente con las almas de los hombres y brillan sobre ellos como el rocío sobre las flores, llevándolas hacia arriba o adelante, lo que es una obra mucho más grande que curar, cuidar y alimentar los cuerpos, aunque esto también pueden hacerlo quizá. El emplearlos, pues, en actuar sobre el plano físico, sería despilfarrar una fuerza infinitamente mayor que la que pusieran nuestros más doctos hombres de ciencia en romper las piedras de un camino, a pretexto de que iba a resultar un bien para el mayor número, porque el trabajo científico no aprovechará inmediatamente a los pobres. No proviene ciertamente del adepto una intervención física semejante, pues está muy lejos de emplearla a diario.

Los adeptos proceden de dos clases y en muchos casos son hombres como nosotros mismos y no muy lejos de nuestro propio plano. La primera categoría la constituyen lo que llamamos los muertos. Imaginâmoslos como muy lejos; pero eso es una ilusión. Están muy cerca de nosotros, y aunque en su nueva vida no puedan generalmente ver nuestro cuerpo físico, pueden ver y ven nuestro vehículo astral, y por eso conocen nuestros sentimientos y nuestras emociones. Así saben cuando estamos angustiados, cuando necesitamos ayuda y hasta procuran facilitárnosla. Hay, pues, un número enorme de positivos protectores que pueden ocasionalmente intervenir en los asuntos humanos. De un modo ocasional, pero no muy a menudo, pues el muerto procura adiestrarse en sí mismo. y así pasa rápidamente sobre lo que toca a las cosas terrenales; por eso los más altamente desenvueltos, como los hombres más útiles, son precisamente aquellos que han abandonado la tierra más pronto. Hay, empero, casos iududables en que los muertos han intervenido en los negocios humanos, y es verdad también que tales casos son más numerosos de lo que imaginamos, pues en muchos el hecho ha sido el resultado de una sugestión en la mente de alguna persona viva aun sobre el plano físico, que ignoraba el origen de su feliz inspiración. Algunas veces, pero también muy raras, es necesario para el muerto la solicitud de aquel a quien ha de mostrarse, y es solamente entonces para que los que son tan ciegos sepan su buena intención hacia ellos. Por lo demás, no pueden mostrarse siempre a voluntad de uno; hay ocasiones en que emplearían su protección, pero están incapacitados para efectuarlo y no siempre sabemos la oportunidad de su sacrificio. Hay muchísimos otros casos y algunos de ellos han sido referidos ya en mi obra: *El más allá de la muerte*.

La segunda categoría entre las que hemos establecido en los protectores, la constituyen aquellos que son capaces de actuar conscientemente sobre el plano astral aun mientras viven, o quizá diríamos mejor, mientras se hallan en su cuerpo físico, pues las palabras *vivo* y *muerto* se emplean muy impropiamente en el lenguaje ordinario.

Estamos nosotros, sumergidos como nos hallamos en esta materia física encerrados en la obscura y malsana niebla terrestre, cegados por el pesado velo que impide llegar hasta nosotros la luz y la gloria que resplandece a nuestro alrededor; somos seguramente los verdaderos muertos, y no aquellos que han arrojado a su tiempo el fardo de la carne y permanecen entre nosotros radiantes, regocijados, fuertes, mucho más libres y mucho más capaces que nosotros.

Aquellos que en el mundo físico han aprendido a usar del cuerpo astral, y en algunos casos también del cuerpo mental, son usualmente los discípulos de los grandes adeptos ya mencionados. No pueden ejecutar la obra que los Maestros hacen, pues sus facultades no están desenvueltas todavía, ni pueden aún actuar libremente sobre aquellos planos sublimes donde aquéllos producen sus magníficos resultados; pero pueden hacerlo a veces en los planos más inferiores, y están buenamente dispuestos a servir en cualquier camino los mejores pensamientos de Aquéllos y a emprender tal obra como está en su poder. Así a veces ocurre que viendo alguna desgracia o algún sufrimiento humano, que pueden aliviar con gusto, intentan lo que pueden hacer por él. A menudo pueden auxiliar a un vivo como a un muerto; pero hemos de recordar siempre que lo hacen bajo ciertas condiciones. Y cuando tal poder y tal instrucción lo confieren a algún hombre, lo hacen también condicionalmente. Nunca usará de ellos egoísticamente, ni los ostentará a la mera curiosidad, ni los empleará en averiguación de los negocios ajenos, ni hará lo que se llaman experimentos en las sesiones espiritistas; es decir, que *no deberá hacer nada que pueda tomarse como un fenómeno sobre el plano físico*. Podrá si lo prefiere, enviar un mensaje a un muerto; pero está lejos de su poder el devolverlo de un muerto a un vivo sin las directas instrucciones del Maestro. Pues el conjunto de los protectores invisibles no constituye en sí mismo un ministerio de policía, ni una agencia de información astral, sino que sencilla y tranquilamente hace tales obras como es dado hacerlas y como lo hacen.

Mucha gente piensa que la protección en este sentido puede ser perjudicial, temiendo una colisión con el actor de la gran ley de la Divina Justicia. Es en verdad una idea extraña suponer que el hombre contienda con la ley. Todos sabemos cuán a menudo sucede que nos empeñamos con todas nuestras fuerzas en auxiliar a un compañero, aun siendo incapaces realmente de hacer algo bueno por él. Este es un caso claro en el que no está en el destino del hombre que sea ayudado y así no podrá hacerse nada en beneficio suyo. Aun entonces nuestro esfuerzo no se perderá, aunque no se produzca el efecto que hemos intentado. Esa tentativa siempre nos producirá un gran bien a nosotros mismos, y podemos asegurar también que producirá alguno en quien hemos tratado de auxiliar, aunque lo deseado no se haya cumplido justamente como hubiéramos querido. Es totalmente verdad que nadie puede obtener remisión de sus propias faltas, y que en toda desdicha recae en uno el resultado de un crimen cometido en otro tiempo. Pero esto no es una razón para aminorar nuestro esfuerzo en auxiliar a alguno. Si sabemos que puede llegar al extremo del necesario sufrimiento, que ha de pagar justamente sus deudas y que necesita de una mano auxiliadora que le levante del lodazal, ¿por qué no hemos de ser nosotros la mano que haga esa buena obra? No hemos de temer jamás que nuestras débiles tentativas pugnen con las leyes de la Naturaleza, o que produzcan el menor embarazo a aquellos que las administran.

Veamos cómo un hombre es capaz de hacer tal obra y de dispensar la protección que hemos descrito; así comprenderemos cuáles son los límites de su poder y veremos cómo nosotros mismos podemos, en alguna extensión, conseguirlos. Debemos primeramente pensar cómo el hombre deja su cuerpo en el sueño. Abandona el cuerpo físico de manera que queda en completo reposo: pero él mismo, su alma, no necesita descansar, porque no siente fatiga, y únicamente el cuerpo físico es siempre el que se cansa. Cuando hablamos, así, de la fatiga mental, no nos expresamos realmente bien, pues el cerebro, pero no la mente, es quien se cansa. En el sueño, pues, el hombre utiliza sólo su cuerpo astral en vez de su cuerpo físico, y es únicamente el cuerpo lo que duerme, y de ningún modo el hombre mismo. Si pudiéramos examinar, penetrando en él, un salvaje durmiendo, probablemente hallaríamos que estaba casi tan dormido como su cuerpo, porque tendría una escasísima conciencia en el vehículo astral de su pertenencia. Sería incapaz de separarse de las próximas inmediaciones donde durmiese su cuerpo físico, y si intentase hacerlo volvería sobre sí despertando con terror.

Si examinamos un hombre más civilizado, como por ejemplo uno de nosotros mismos, encontraremos una gran diferencia. En este caso el hombre, en su cuerpo astral, de ningún modo permanecerá inconsciente, sino pensando muy activamente. Sin embargo, podrá tener muy pocas noticias de su vecindad que el salvaje, aunque no sea por la misma razón. El salvaje está incapacitado para ver, y el hombre civilizado está muy sobre su propio pensamiento, por lo que no puede ver, aunque quiera. Tiene tras sí la inmemorial costumbre de una gran serie de existencias en las que no ha usado las facultades del astral, y así esas facultades, gradual y tardíamente, han desarrollado en él una costra, algo como un polluelo que vegeta en un huevo. Esa cáscara está compuesta de grandes masas de pensamientos egoístas, en los que de ordinario cae el hombre irremisiblemente. Todos aquellos que de un modo principal han llamado la atención de su mente durante la mayor parte de la vigilia, le continúan usualmente cuando cae dormido, y queda rodeado así de una valla hecha por él, por la que prácticamente nada conocerá de lo que pulula en lo exterior. De un modo ocasional, y muy raras veces, algún choque violento de lo externo, o algún fuerte deseo de su propio interior, puede desgarrar esa cortina de nieblas por un momento y permitirle recibir alguna impresión definida; pero aun entonces la cortina vuelve a unirse inmediatamente y el sueño seguirá como antes.

¿Podrá estar despierto?, se preguntará. Sí; lo que puede ocurrir en cuatro diferentes casos. Primero: en el más remoto futuro, la lenta, pero segura, evolución del hombre disipará indudablemente de un modo gradual esa cortina de niebla. Segundo: el hombre mismo, conociendo las causas del hecho, puede por un firme y persistente esfuerzo despejar el camino de su íntima obscuridad y por grados vencer la inercia resultante de las edades inactivas. Puede resolverse antes de dormir a intentarlo cuando deje su cuerpo, despertar y ver algo. Esto es sencillamente una precipitación del proceso natural, y no habrá peligro si tal hombre ha desarrollado de un modo previo su razón y sus cualidades morales. Si éstos faltasen, podrá muy tristemente apenarse, pues corre el doble peligro de perder los poderes que ha adquirido y de morirse de pánico a la presencia de fuerzas que ni puede comprender ni detener. Tercero: en ocasiones, ha ocurrido por algún accidente o por el empleo de ilegítimas ceremonias mágicas, que el velo no ha podido cerrarse de nuevo. En tal caso el hombre ha quedado en esa terrible condición tan admirablemente descrita por Mme. Blavatsky en su cuento *Una vida encantada* (1), o por lord Lytton en su magnífica

(1) Véase SOPHÍA, revista teosófica, año II, 1894. — Nota del traductor.

novela *Zanoni*. Cuarto: algún amigo de los que conocen perfectamente al hombre y que le creen capaz de resistir los peligros del plano astral y de hacer desinteresadamente el bien, puede hacer caer aquella cáscara y gradualmente despertarle a tan altas posibilidades. Pero no hará tal a menos de creerle absolutamente seguro, con ánimo, con devoción y en posesión de las cualidades necesarias para obrar bien. Si en todos esos particulares ha sido juzgado favorablemente, será invitado y ya podrá unirse a la hueste de protectores.

Por lo que se refiere a la obra que hacen semejantes protectores, he ofrecido muchísimos ejemplos en la primera parte de esta obra bajo el título de *Protectores invisibles;* no repetiré, pues, aquellos casos ahora, pero sí indicaré principalmente las diversas suertes de obras que efectúan de un modo más principal. Es natural que haya una gran variedad de géneros y que muchísimas de ellas no se efectúan físicamente; sin embargo podemos referirlas a dos clases: actuaciones en los vivos y actuaciones en los muertos.

El proporcionar cohonorte y consuelo en la tristeza o en la enfermedad a un sujeto, es comparativamente una tarea facilísima para ellos, y uno puede estar así constantemente auxiliado sin saber por quién. Es lo que les pasa, con frecuencia, a las personas que experimentan una gran perplejidad y que a la noche se acuestan preocupadas con algún problema insoluble; en tal caso muchas veces pueden obtener una solución, o más bien ser ayudados por una decisión adecuada (1). Esto jamás se efectuará sugestionando o influyendo la mente de nadie; y no debemos pensar que el protector sea una especie de mesmerizador. Es muy fácil, también, que alguien imagine que el protector influye por un designio o un propósito deseado por él; pero eso sería violar uno de los más estrictos preceptos de su obra. Este caso puede presentársele al hombre que duda; pero aceptada esta opinión arguye a favor de lo contrario, pues aquél no deberá ejercer su poder aunque el hombre lo consienta hasta que se asegure que puede haber un desastre si su consejo no es aceptado. Pero hay muchísimos indagadores ardorosos que ansían realmente la luz, y el proporcionársela, como el disponerlos para que la produzcan, es uno de los más grandes placeres del protector. Las sugestiones pueden hacerlas, y constantemente las hace a escritores, predicadores, poetas, artistas, así para los asuntos que escogen, como para la manera de tratarlos, y desde luego sin ningún conocimiento de parte del recipiente o recipiendario de la fuente de

(1) En nuestro saber popular existe el prudente y oculto consejo que dice: "Consúltalo con la almohada". — N. del T.

su inspiración. Además, piensa ser así un perfecto compañero dando tales nuevas y originales ideas, pero a lo que no da importancia, pues ningún protector desea acreditarse por lo que hace. Si poseyese tal sentimiento de autoglorificación, inmediatamente quedaría excluído del rango de protector. Muchos en muchas ocasiones tienen como un protector a su lado, a un predicador o a un escritor, y pueden tras su inclinación ampliar y más liberalmente ver un asunto que él previamente ha visto; y aunque a veces es imposible alcanzar este favor, con todo en muchos casos se logra algo de ello del plano físico.

Frecuentemente esfuérzanse en apaciguar las discordias, y efectúan una reconciliación entre aquellos que hace tiempo se separaron por diferencias de opiniones o de intereses. A veces les ha sido posible advertir a los hombres de algún grave peligro que amenazaba sobre sus cabezas para que lo evitasen. Y han existido casos en que tales advertencias se hicieron hasta en vista de cosas puramente materiales; pero lo más general es que se den esos avisos sobre peligros morales. De un modo ocasional, y en contadísimos casos, les permite ofrecer un solemne aviso a uno que lleva una vida crapularia para devolverle así al buen camino. Cuando saben también que ha de ocurrir en un tiempo un particular trastorno a un amigo, esfuérzanse en defenderle y le prestan fuerza y confortan.

En las grandes catástrofes, también con muchísima frecuencia, se hace mucho por aquellos cuyo trabajo no reconoce el mundo exterior. A veces permiten que una o dos personas se salven; y así ocurre que con motivo de una temible y espantosa destrucción oímos que alguien ha escapado de ella, estimándolo como un milagro. Pero esto acontece sólo cuando entre los que están en peligro hay uno que no debe morir en el trance, uno que debe a la ley Divina lo que no ha de pagarse en esa forma. En la gran mayoría de los casos, todo aquel que puede, hace algún esfuerzo para comunicar fuerza y ánimo frente al acaecimiento, y entonces después de llamar las almas así que llegan al plano astral, son acogidos y asistidos luego.

Esto nos lleva a considerar una de las partes más grandes e interesantes de nuestro trabajo: la protección de los muertos. Pero antes que tratemos de ella, hemos de destruir las ideas erróneas y ordinariamente equívocas que hay acerca de la muerte y de la condición de los muertos. Los muertos no están muy lejos de nosotros, no han cambiado entera y repentinamente, y no se han trocado en ángeles o en demonios. Son justamente seres humanos, exactamente como lo fueron antes, ni mejores ni peores, y están aun más cerca de nosotros que en otro tiempo, siendo sensibles a nuestros sentimientos y a nuestros pensamientos. Hemos de procurar libertarnos de esa antigua y extraña ilusión por la que un muerto es algo sellado y que nada puede hacerse por él. Hay enteramente—por extraño que parezca—cientos de pueblos que realmente creen que pueden pensar y pedir por sus amigos mientras están en la vida; pero que en el momento que desaparecen, no sólo juzgan inútil, sino hasta malvado rogar por ellos y pensar en ellos cariñosamente. Parecerá increíble que un ser humano pueda mantener tan insana doctrina; pero es seguramente un hecho que aun hay en esta vigésima centuria quien se aferra a tan extraña superstición. La verdad es exactamente lo contrario, pues precisamente cuando el hombre ha muerto, es cuando puede más fácilmente sentir y aprovecharse de los buenos y cariñosos pensamientos y oraciones de sus amigos. No tiene entonces el pesado cuerpo físico para exteriorizar su simpatía; pero vive en el cuerpo astral, que es el verdadero vehículo de la emoción, y así siente todo contacto e instantáneamente le contesta. Así es cómo irresistiblemente apénase el muerto cuando se daña el egoísta. El muerto siente toda emoción que pasa por el corazón de sus amados, y si ellos se entregan desconsideradamente a la pena, lo que produce una correspondiente bruma de depresión sobre él, dificultan su estado que debían sus amigos haber comprendido mejor.

Hay también muchos auxilios que pueden suministrarse al muerto en diferentes respectos. Primeramente, muchos de ellos, por no decir la mayor parte de los mismos, necesitan una explicación respecto del nuevo mundo en que se encuentran. Su religión debió haberles instruído sobre el caso y sus nuevas condiciones de vida; pero en la inmensa mayoría de los casos no se dice nada sobre el particular. Las horrendas falsedades extendidas tan industriosamente respecto al fuego eterno y otros horrores teológicos, hacen tanto perjuicio sobre el otro lado del sepulcro como sobre éste, y eso que, por supuesto, en este plano hay muchas vidas condenadas. Pues una vez más, aunque a una persona razonable le parezca increíble, hay pueblos que creen en ese grotesco y cruel absurdo. Creen que a menos de ser sobrehumanamente buenos (y realizan lo contrario) están amenazados de un fuego futuro, y con frecuencia son también tan imposibles las condiciones de fe para alcanzar la "salvación", que ninguno está seguro de haberlas llenado cumplidamente. Por esto ocurre que muchos de ellos se encuentran bajo una gran inquietud y que otros lo están bajo un positivo terror. Necesitan ser auxiliados y confortados, pues cuando encuentran el terrible fantasma que ellos y sus antecesores han engendrado tras los tiempos—ideas de un demonio personal y de una horrible y cruel deidad—, quedan reducidos a un lamentable estado de miedo, que no sólo es excesivamente terrible, sino muy malo para su evolución; lo que naturalmente cuesta mucho tiempo y trabajo al protector para ponerle en una comprensión más razonable.

Hay hombres a quienes esta entrada en una nueva vida parece que les da por primera vez una ocasión para verse á sí mismos como realmente son, y algunos de ellos se llenan entonces de remordimientos. Aquí otra vez los servicios del protector necesitan explicarse, pues lo que ha pasado ha pasado y el único efectivo arrepentimiento es resolverse a hacer nada más que esta cosa: que todo lo que ha podido hacer no se ha perdido para el alma; pero que debe empezar, desde luego, a buscarse a sí mismo y esforzarse en vivir la verdadera vida para lo futuro. Algunos de ellos apéganse apasionadamente a la tierra donde todos sus pensamientos e intereses se han fijado, y sufren mucho cuando la han perdido y suspiran por ella. Otros están aterrados por los pensamientos criminales que han cometido o por los deberes que han dejado incumplidos, mientras otros, a su vez, están acongojados por la situación de aquellos que han abandonado. Todos estos casos necesitan una explicación y a veces es también necesario para el protector guiar sus pasos sobre el plano físico con objeto de realizar los deseos del muerto, y así dejarle libre y franco el paso para más altos asuntos. Los pueblos son muy inclinados a considerar la parte obscura del espiritualismo; pero no debemos olvidar nunca que han proporcionado una gran suma de bien en esta suerte de trabajo, dando a los muertos una oportuna intervención en sus negocios tras una súbita e inesperada partida.

Un hombre puede en ocasiones ser libertado de sus malas compañías, después de muerto, justamente como pudiera serlo durante su vida. Hay hombres de todas clases, y los hay que, en vez de sentir remordimiento por sus malas acciones, se esfuerzan hasta en proseguirlas o continuarlas. El hombre que ha frecuentado los antros del vicio durante su vida, no es raro que continúe haciéndolo tras la pérdida de su cuerpo físico. Ahora bien: ciertas enseñanzas de toda suerte pueden suministrarse al muerto, que podrán ser de la mayor utilidad para él, no respecto de la vida que entonces vive, sino para el conjunto de sus existencias futuras. Sé cuanto resisten muchos a aceptar la realidad de la cosa, a comprender cómo los muertos están cerca de nosotros, y cuán completamente el protector puede hablar y comunicar con ellos como si fueran físicos aún. Muchas gentes lo creen imposible y nos piden pruebas de ello. Yo no sé cómo podemos obtener pruebas si no estudiamos este asunto por nosotros mismos, examinando pacientemente la evidencia, y últimamente desenvolviendo en nosotros el poder de ver y oir todo esto por nosotros mismos. Aquellos de nosotros para quienes todo esto es un asunto de la experimentación diaria, apenas procuran argüir sobre ello. Si un ciego viene hacia nosotros y principalmente trata de persuadirnos de que no es tal cosa como la vemos y que si lo creemos se lo mostremos, sufriremos bajo su infortunada alucinación siendo deferentes, pues no trataremos ansiosamente de perder el tiempo contendiendo con él. Nosotros diríamos: Lo he visto y mi experimentación diaria me lo ha mostrado; a otros hombres, creyentes o no creyentes, no les ha afectado el hecho. Yo pienso que el escéptico a veces olvida que no hacemos prosélitos, y que si él no puede creer, nadie sino él es el que pierde.

Es un hecho, pues, el que pueden directamente suministrarse enseñanzas a un muerto. El no podrá adquirir detalles de su próxima vida terrestre; pero podrá, sin embargo, almacenar conocimiento en su alma, así que cuando esté próximo á presentársele sobre el plano físico. podrá en seguida comprenderlo, e instintivamente reconocer lo que es verdad. Otro punto es el de la disponibilidad del cuerpo astral por el deseo elemental. No tengo tiempo ahora para entrar en detalles de este proceso; pero es uno que reborda el progreso del hombre en los estados *post-mórtem*, y el protector puede mostrarle cómo vencerá esas dificultades.

Seguramente es un feliz pensamiento el que el tiempo de más necesario reposo para el cuerpo, no es necesariamente un período de inactividad para el verdadero hombre interior. En un tiempo creí que el espacio concedido al sueño se malgastaba lastimosamente; pero ahora comprendo que la Naturaleza no hace un despilfarro en sus labores, como el perder un tercio de la vida del hombre. Desde luego, se requieren ciertas condiciones para esta obra; pero las he indicado ya tan cuidadosamente al final de mi obra antes citada, que no necesito sino mencionarlas aquí: 1.º Se debe ser justísimo *(one-pointed)* y el trabajo de ayudar a los demás ha de ser el primero y principal deber de uno. 2.º Debemos tener sobre nosotros mismos un perfecto dominio; dominio sobre el temperamento y sobre los nervios. Nunca debemos guiarnos por las emociones, impidiendo que el trabajo se debilite gradualmente; sobrepongámonos al enojo y al miedo. 3.º Hemos de ser perfectamente serenos, tranquilos y complacientes. Los hombres sujetos a la desesperación y al cansancio son inútiles, pues una gran parte de su trabajo ha de ser cuidar y calmar a los demás, ¿y cómo podrían hacerlo los que constantemente se hallasen en un mar de excitaciones o cansados? 4.° El hombre debe tener ciencia, ha de tener ya instrucción, aquí bajo, en este plano, de todo lo que puede sobre el otro, pues él no ha de esperar que los hombres pierdan un tiempo precioso en enseñarle lo que debe haber adquirido por sí mismo. 5.° Debe ser prefectamente desinteresado. Ha de estar por encima de los sentimientos disparatados y malsanos. No ha de pensar en sí propio, sino en el trabajo que hace; así es que deberá alegrarse cumpliendo los más humildes deberes sin arrogancia ni envidia. 6.° Le debe rebosar de amor el corazón. No será un sentimentalista, pero sentirá el intenso deseo de servir, de ser como el canal por el que el amor de Dios, como la paz de Este mismo, pase inteligentemente al hombre.

Se puede pensar que éste es un modelo imposible; pero por lo contrario es accesible a cualquier hombre. Hará falta tiempo para ello; pero seguramente será un tiempo bien empleado. No nos separemos descorazonados, antes más bien pongámonos al trabajo ahora mismo, y esforcémonos en ser aptos para esta gloriosa empresa, y mientras la ejecutamos no debemos estar ociosos, sino esforzarnos en conducir una parte del trabajo a lo largo de sus líneas. Cada uno conoce algún caso de pena o de aflicción, sea entre vivos o entre muertos, no importa; si conocéis uno, pues, fijadlo en vuestra mente cuando caigáis en el sueño y resolveos a ir hacia esa persona, cuando estéis libre de vuestro cuerpo, y empeñaos en confortarla. No podréis tener conciencia del resultado, no podréis recordar nada a la mañana siguiente, pero a buen seguro que vuestra resolución no será estéril, y que recordéis o no lo que habéis hecho, será muy cierto que habéis hecho algo. Algún día, más tarde o más temprano, se evidenciará que habéis obtenido un éxito. Recordad que así como ayudemos seremos ayudados; recordad que desde lo más bajo a lo más elevado estamos todos incluídos en una larga cadena de mutuos servicios, y que aunque estamos sobre el peldaño más bajo de la escala, llega desde esta tierra de niebla, a las regiones donde sempiternamente brilla la luz de Dios.

FIN

EN EL CREPUSCULO

EN EL CREPUSCULO

Reunidos unos cuantos individuos, a la caída de la tarde, en amigable plática, la conversación recayó sobre el suicidio. Reuníanse de este modo una vez al mes, cuando el sol, al ocultarse, invita a participar de la quietud que se esparce sobre la naturaleza; los habitantes de las grandes ciudades no gozan de esa hora de silencio del crepúsculo vespertino; en ellas no se oyen los sonidos encantados de las campanas tocando a vísperas uno y otro día. El pequeño círculo solía discutir un punto cualquiera de interés que hubiese surgido dentro de la esfera de percepción de cualquiera de sus individuos en el mundo físico, en el astral y en el mental; y el número de suicidios registrados a la sazón por los periódicos, había hecho recaer la conversación, esta vez, en asunto tan debatido (1).

(1) Las historias que se refieran en estos anales, serán auténticas a menos que se declare terminantemente lo contrario en algún caso particular; esto es, serán experiencias verdaderas. — *A. B.*

—Si se pudiese hacer comprender a esa gente que *no pueden* matarse,—observó el Pastor meditabundo;—que sólo consiguen libertarse de sus cuerpos, y que indudablemente pierden en ello, puede ser que no se mostrasen tan dispuestos a abrirse agujeros en el cuerpo o a hacerlos en el agua.

Ahí está la dificultad,—dijo el erudito.—Las horrendas historias que nos refieren nuestros videntes de los resultados del suicidio en el mundo astral no son muy conocidas del público, y aunque se las conozca no son creídas.

—En mi opinión, pintan un infierno real y verdadero, — comentó la Marchesa. — Uno de nuestros videntes me refirió una historia el otro día, que era tan espantosa en sus horrores, como cualquiera de las descripciones del *Infierno* de Dante.

—Contadla otra vez, ¡oh Vagabundo Astral! —exclamó el más joven de la reunión, cuyo apetito por cuentos era insaciable.—Contadla otra vez.

—Pues bien: trátase de una historia horripilante,—principió diciendo el Vagabundo en tono tímido y de excusa.—Hace algunos cientos de años había dos amigos, medio mercaderes, medio aventureros, que por algunos años habían viajado juntos, compartiendo la buena y la mala fortuna. El más viejo, Hassán, había salvado al más joven, llamado Ibrahim, de perecer de hambre y sed en el desierto; pues lo encontró tendido sin conocimiento junto a su camello, al cual había matado para obtener un último sorbo. Hassán, que pasaba a la sazón solo por aquel sitio para ir a reunirse con su caravana, encontró sobre las ardientes arenas al hombre y la bestia, ambos muertos en la apariencia. El corazón del hombre, sin embargo, latía aún débilmente, y pudo revivir lo bastante para que Hassán lo montara sobre su camello y lo salvara. Ibrahim, que era montaraz, temerario y colérico, sintió desde aquel día una afección loca por su salvador, y durante algunos años vivieron como hermanos. Sucedió que tropezaron casualmente con una banda de árabes, y vivieron un poco de tiempo con ellos; y entonces quiso la mala suerte que la hermosa cara de la hija del jefe atrajera las miradas de ambos, y los dos hombres se enamoraron perdidamente de la misma muchacha. El carácter de Hassán, más firme y bondadoso, se captó su confianza y su cariño, mientras que la pasión furiosa de Ibrahim sólo le causaba terror; y cuando éste se dió cuenta de la verdad, despertóse el tigre en la salvaje naturaleza del joven. Devorado por furibundos celos, Ibrahim, resolvió, en meditación sombría, conseguir a toda costa su deseo, y mató a Hassán traidoramente en ocasión en que ambos tomaban parte en un combate contra sus enemigos; luego partió a galope al campamento, saqueó la tienda del jefe, y cogiendo a la muchacha, la atravesó sobre su veloz camello y huyó. Durante un breve tiempo vivieron juntos, época tormentosa de pasión febril y de sospechas recelosas por parte de él; de sumisión sombría y de constantes planes de fuga por parte de ella. Un día, al volver de una corta excursión, encontró la jaula vacía, que el pájaro había volado y que sus tesoros habían sido robados. Furioso por su amor burlado y por el odio, la buscó locamente algunos días, y por último, en una tempestad de celos y de desesperación, se arrojó en la arena, se degolló, y balbuciendo una maldición, expiró. Un choque como de fuerza eléctrica, una llamarada de fuego cárdeno, una agonía concentrada de tejidos que se desgarraban, de partes que se separaban con violencia, y la estremecida forma etérea fué violentamente arrancada de su denso doble, y aquel hombre ciego y alocado se encontró aún vivo, mientras que su cadáver yacía inerte sobre la arena. Tras confuso torbellino de sensaciones, de agonizante lucha, como la del nadador ejercitado cuando se hunde bajo las olas, Ibrahim se encontró en el mundo astral rodeado de lúgubre y densa obscuridad, un ser vil en todos sentidos, desesperado y abrumado de horror. Los celos, la rabia, la furia de la pasión burlada y del amor traicionado, desgarraban las cuerdas de su corazón, y la fuerza de aquéllas, que ya no se gastaba en mover la pesada masa del cuerpo físico, infligía una agonía mucho más aguda de lo que jamás soñara como posible en la tierra. La forma sutil respondía a cada palpitación del sentimiento, y cada dolor centuplicaba su fuerza así que los sutiles sentidos contestaban a cada oleada de angustia, porque no existía la muralla del cuerpo que quebrantase la fuerza de aquellas olas cuando se precipitaban sobre el alma. ¡Ah, aun dentro de este infierno, un infierno todavía más negro! ¿Y qué es esa cosa informe, horripilante, que flota a su lado como llevada por una corriente invisible, sin sentido, ciega, con indicaciones horribles de heridas siempre abiertas, con coágulos de sangre fétida? El aire se hace aún más pesado y más pútrido a medida que aquella cosa avanza; ¿y es el viento lo que, cuando aquéllo pasa, gime: "¡Hassán!... ¡Hassán!... ¡Hassán!"? Con un grito ahogado en un ronco sollozo, Ibrahim salta hacia adelante y se precipita loco, sin saber donde, para huir de este terror flotante, de este cadáver aborrecido de un amigo traicionado. Seguramente ha conseguido escapar, ha huído con la velocidad de un antílope perseguido; al pararse anhelante, algo surge por encima de su hombro; mira aterrorizado en torno suyo... ¡allí está!

Entonces principia una caza, si se le puede dar tal nombre cuando el cazador es inconsciente y pende insensible del perseguido, pareciendo siempre deslizarse lentamente, sin objeto y, sin embargo, siempre al lado, corra el otro lo que quiera. Abajo... más abajo, en precipicios sin fondo de lóbregos vapores, una pausa, y el horripilante contacto de la masa informe flotante, con todo el horror que lo envuelve como una nube. ¡Fuera, fuera de aquí! A las cavernas más asquerosas del vicio, donde las almas encadenadas a la tierra se refocilan en las orgías más abyectas, y aquellas aglomeraciones le protegerán seguramente contra el temido intruso; pero no, avanza flotando como si allí no existiese multitud alguna, y aparentemente sin objeto se balancea junto a sus hombros. Si hablase, si maldijese, si viese, si diese deliberadamente fuertes golpes, un hombre podría hacerle frente; pero esta masa ciega, silenciosa, informe y flotante, con su presencia lúgubre persistente, es enloquecedora, intolerable, y, sin embargo, no hay medio de escapar de ella. ¡Oh! ¡Quién estuviera otra vez en el ardiente desierto, con el firmamento sin límites encima, hambriento, robado, traicionado, abandonado, pero en un mundo de hombres fuera de estos horrores insensibles, flotantes, en profundidades sin aire, lúgubres, viscosas!

Los tonos tranquilos del Pandit rompieron el silencio en que se había desvanecido la voz del Vagabundo:

—Eso parece hacer más reales las pinturas de Nâraka. No son cuentos de viejas, después de todo, si el mundo astral contiene tales resultados de los crímenes cometidos aquí.

—Pero Ibrahim no será perseguido siempre de este modo,—dijo nuestro jovenzuelo compasivamente, a la vez que en su aura vibraban ondas del más precioso color rosado.

—Seguramente que no,—contestó el Vagabundo, sonriendo.—El infierno eterno no es más que un espantoso sueño de la ignorancia que ha seguido a la pérdida de la gloriosa doctrina de la reencarnación, que nos demuestra que todo sufrimiento no hace más que enseñar una lección necesaria. Ni todos los suicidas aprenden sus lecciones en circunstancias tan tristes como las que rodearon al desgraciado Ibrahim. Contadnos, Pastor, ese asunto del suicida, a quien vos y nuestro jovenzuelo habéis ayudado la otra noche.

—¡Oh! ¡No puede llamarse una historia!—dijo el Pastor, perezosamente.—Es una mera descripción; pero tal como es, allá va. Había un hombre que se vió agobiado por gran número de desgracias que le atormentaron hasta un punto inadmisible, en una palabra, hasta el punto de producirle una fiebre cerebral. En su estado normal de salud, era muy buena persona; pero se vió reducido a una lastimosa ruina de nervios dislocados. En este estado pasaba una noche por un campo en donde hacía unos sesenta años que un calavera se había suicidado; y este elementario, atraído por su mórbida melancolía se pegó a él y empezó a insinuarle pensamientos de suicidio. Este calavera había derrochado su fortuna en el juego y en la mala vida, y culpando al mundo de sus desaciertos, se había matado, jurando vengar en otros sus supuestos agravios. Esto lo había llevado a cabo, induciendo al suicidio a gentes cuya situación de ánimo los dejaba abiertos a su influencia, y nuestro pobre amigo fué víctima suya. Después de luchar unos días contra estos impulsos diabólicos, sus excitados nervios cedieron, y se suicidó pegándose un tiro en aquel mismo campo. De más está el decir que se encontró al otro lado en el subplano más bajo de Kamaloka, en medio de las temibles condiciones que sabemos. Allí permaneció muy sombrío y miserable, agobiado por el remordimiento, y sujeto al escarnio y las burlas de su afortunado tentador, hasta que finalmente empezó a creer que el infierno era una realidad, y que nunca lograría escapar de su triste estado. Había permanecido de este modo unos ocho años, cuando nuestro jovenzuelo le encontró,—prosiguió diciendo el Pastor, atrayendo a sí al muchacho;—y como era principiante en tales escenas, prorrumpió en tal explosión de compasión y simpatía que le hizo volver a su cuerpo físico y despertó llorando amargamente. Después de consolarle, tuve que hacerle ver que la simpatía de esta clase era poco fructuosa, y luego volvimos juntos a encontrar a nuestro desgraciado amigo. Le explicamos la situación, le animamos y consolamos, haciéndole comprender que sólo se hallaba sujeto por su propia convicción de que no podía levantarse, y al cabo de pocos días tuvimos la dicha de verlo fuera de esta región inferior. Desde entonces ha seguido progresando, y antes de mucho tiempo, quizás dentro de un año o cosa así, pasará al Devachán. Como veis, esto no puede llamarse una historia, según os dije.

—Una historia muy buena,—rectificó el Doctor,—y del todo necesaria para quitar el sabor de los horrores del Vagabundo de nuestras bocas psíquicas.

—Principiando otro asunto,—dijo el Archivero,—he aquí un relato interesante de Suecia sobre una aparición en el momento de la muerte, vista por diez y seis personas. La envía uno de nuestros miembros.

—Guardadlo para la próxima vez,—indicó el Erudito,—pues se hace tarde y hacemos falta en otra parte.

* * *

Cuando nuestros amigos volvieron a verse en su reunión mensual, hubo la exclamación unánime: "¡la historia del fantasma!" prometida por el Achivero; y en contestación sacó éste de su bolsillo una voluminosa carta, diciendo:

—Esta carta es de una de nuestros estudiantes (de Ocultismo) Treya, que va a menudo a Suecia, y refiere una historia relacionada con ella en un viaje muy reciente. He aquí lo que dice: "Durante el otoño de 1896, viajando yo de la costa oriental de la isla de Gothland hacia la ciudad de Wisby, fuí invitada a pasar una noche en la rectoría de D. El cura de esta parroquia, hombre de unos cincuenta años, es un trabajador incansable y fervoroso en interés de la bellísima iglesia que se halla a su cargo, y uno de sus más ardientes deseos es poder restaurar esta maravillosa obra de arquitectura, de una manera digna de ella. Emplea la más grande actividad en sus esfuerzos para reunir los fondos necesarios, y no pierde oportunidad para ello. Me impresionó mucho la cara de este amigo nuestro, el Pastor O; la encontraba particularmente benigna y tranquila, con ojos claros y expresivos, que parecían decirme que estaban dotados de algo más que la visión ordinaria; la forma de su boca era también firme y decidida, pero singularmente dulce. Después de cenar aquella noche, nos hallábamos hablando en una de las habitaciones contiguas a su estudio. Yo había descubierto que el rector era músico; pero de este asunto pasó la conversación al dominio del misticismo, y discutió sobre cosas de naturaleza psíquica. Entonces conocí que mi impresión respecto de nuestro amigo había sido justa, pues una vez en este terreno, parecía estar en él como en cosa propia, y nos presentó numerosos ejemplos de sus experiencias psíquicas, sin darles gran importancia, pues parecía que le habían sido familiares toda su vida. Una de estas experiencias es la que voy a referiros, exponiéndola, en cuanto pueda acordarme, con sus mismas palabras:

"—Durante algunos años de mi primera juventud,—principió diciendo,—estuve en una escuela en la parroquia de Tingstäde, y como mi casa estaba algo lejos, me alojaba, en compañía de otro condiscípulo, en casa de una vecina llamada Frau Smith. La buena señora tenía una casa bastante grande y se ganaba la vida admitiendo huéspedes; efectivamente, no eran menos de diez y seis personas las que allí vivían en el tiempo a que me refiero. Frau Smith actuaba en ocasiones como asistenta y se ausentaba a menudo. Una tarde, en la mitad del invierno, nos dijo que se marchaba a hacer una visita, y que no podría, probablemente, volver hasta el día siguiente; y así arregló todo lo necesario para nuestra comida, etc., y recomendándonos mucho que tuviésemos cuidado con las luces y el fuego, se marchó; y en las primeras horas de la noche, según costumbre, nos ocupamos en preparar nuestras lecciones para el siguiente día. A cosa de las nueve y media nos acostamos, habiendo cerrado la puerta y apagado la luz; pero había en la habitación suficiente claridad, producida por los leños encendidos de la chimenea, que nos permitía distinguir perfectamente todos los objetos. Estábamos hablando tranquilamente, cuando de repente vimos al lado de nuestra cama, y mirándonos con fijeza, la figura de un hombre, alto, de mediana edad, con aspecto de aldeano, vestido de ropas ordinarias de color gris, y nos pareció verle un gran parche en la pierna izquierda y otro al lado izquierdo del pecho. Mi compañero me dió un fuerte codazo para llamarme la atención y murmuró: ¿qué hombre tan feo es ése? Le hice señas de que callase, y ambos permanecimos quietos, observando ansiosamente. El hombre estuvo mirándonos por largo tiempo, y luego se volvió y empezó a pasear de arriba a abajo por la habitación, produciendo sus pasos un sonido especial como si pisase nieve. Fué a la cómoda y empezó a abrir y cerrar los cajones, como si buscase algo, y después se dirigió a la estufa y empezó a soplar suavemente los leños aun encendidos, alargando sus manos como para calentarlas. Después de esto volvió al lado de la cama y de nuevo empezó a fijar la vista en nosotros. Al mirarle, observamos que podíamos ver los objetos a través de él: veíamos claramente la mesa escritorio, al otro lado del cuarto, a través de su cuerpo, y mientras mirábamos su forma, empezó a desvanecerse gradualmente y desapareció de nuestra vista. Lo extraño del suceso nos dejó desazonados y nerviosos, pero no nos movimos de nuestra cama, y por fin nos dormimos. Cuando nos levantamos por la mañana, nuestra puerta seguía cerrada; pero al referir lo que habíamos visto, supimos que el mismo visitador fantasma se había aparecido en todas las habitaciones de la casa, cuyas puertas todas estaban cerradas, y que las diez y seis personas que habían dormido allí aquella noche habían visto la misma figura. Por otra parte, algunas de estas personas, que hacía tiempo residían allí, reconocieron en la figura al marido de nuestra huéspeda; un hombre vil, que nunca había hecho nada útil, y que durante años había vivido separado de su mujer, de suerte que hacía tiempo era un vagabundo. Esta extraña coincidencia fué causa de que algunos de los huéspedes investigasen si semejante hombre había sido visto por aquellos contornos, poniéndose en claro que aquella misma noche, un poco después de las nueve, había llamado a la puerta de una casa de labranza, situada a dos millas de distancia, y había pedido que le diesen alojamiento; como no había habitación disponible, le indicaron fuese a la próxima casa de labranza, poco distante de allí. Al oir esto los exploradores, buscaron en seguida las huellas en la nieve y muy pronto encontraron las de sus pisadas. Después de seguirlas en un corto espacio, encontraron un zapato de madera, y unos cuantos pasos más adelante descubrieron el cadáver del mismo hombre medio enterrado bajo un gran montón de nieve. Al darle vuelta al cuerpo se vió que tenía adherido al lado izquierdo del pecho un gran trozo de nieve helada y otro en la rodilla izquierda, precisamente en el mismo sitio donde nosotros habíamos notado los parches blancos en los vestidos de la aparición. Aun cuando yo no era más que un muchacho cuando esto sucedió, me hizo una impresión tan profunda y perdurable, que he conservado el recuerdo de todo vívidamente durante mi vida. He tenido otras experiencias; pero ésta es, en verdad, una de las más notables de las que me han ocurrido." Y si hubieseis oído esta. historia como yo, referida de un modo sencillo y escueto, no hubierais dudado de su veracidad. Una historia de fantasmas muy buena y razonable, me parece,—dijo como por conclusión el Archivero.

—Debió haber sido un fantasma visible como pocos,—observó nuestro jovenzuelo.—Seguramente las diez y seis personas no tenían todas visión astral.

—La visión etérea hubiera sido suficiente en

tales circunstancias,—dijo el Vagabundo.—El hombre acabaría de dejar el cuerpo denso y estaría revestido del etéreo. Muchas personas están tan próximas al desarrollo de la visión etérea que una ligera tensión de nervios basta para ocasionarla; en un estado normal de salud esta misma gente, aun ciega, vería lo etéreo. Una amiga mía desarrollaba a veces este sentido; siempre que se hallaba fatigada, enferma o en extremo preocupada, empezaba a "ver fantasmas", los cuales desaparecían tan pronto como sus nervios volvían al estado normal. Una vez tuvo una experiencia muy angustiosa inmediatamente después del fallecimiento de una amiga muy querida. Esta última se apareció como un fantasma, todavía revestida de su cuerpo etéreo en descomposición, y esta horrible vestimenta se deshacía a la par que se descomponía el cuerpo enterrado; de suerte que el pobre fantasma aparecía cada vez más andrajoso y más y más horrible al transcurrir el tiempo. Mad. Blavatsky, al ver la desagradable visitante siempre alrededor de la casa y del jardín, bondadosamente la libertó de su incómodo entorpecimiento, pasando entonces a la vida astral normal. Sin embargo, la visión etérea no es bastante común para explicar del todo satisfactoriamente cómo fué visto el fantasma sueco por tanta gente.

—Parece que hay dos modos para que un

fantasma pueda conseguir hacerse visible a personas que no poseen la visión etérea ni la astral,—empezó a decir el Pastor.—Bien puede estimular temporalmente la vista física dándole el poder etéreo, o puede densificarse lo suficiente para ser percibido por la vista ordinaria. Creo que no comprendemos bien cómo se materializa una persona vulgar. Nosotros sabemos perfectamente cómo materializar nuestros propios cuerpos astrales cuando es necesario, y hemos visto a nuestro jovenzuelo materializarse bajo el imperio de una fuerte emoción y gran deseo de socorrer, aun cuando no sabe todavía hacerlo científicamente y a voluntad. Pero después de lo que llamamos muerte, el alma desencarnada, por regla general, no sabe cómo materializarse, aunque puede aprender en seguida a hacerlo si se lo enseñan, como puede verse en muchas sesiones espiritistas. Cuando una persona se muestra después de la muerte ante la visión ordinaria, sospecho que generalmente se halla dominada por algún deseo vehemente, y trata de expresarlo; inconscientemente se materializa bajo el impulso de su deseo, pero el *modus operandi* no lo veo claro. Probablemente el hombre en cuestión buscaba un abrigo, sus pensamientos se dirigieron a su casa de un modo intenso, y esto le dió el impulso que lo materializó.

—Pudo haber estado buscando a su esposa

de un modo vago,—añadió la Marchesa.—Muchos vagabundos que han hecho su hogar insoportable, vuelven a él cuando se hallan en la desgracia. Probablemente era este hombre menos desagradable en su forma etérea que en la física.

—No debemos olvidar,—dijo el Doctor,—que hay otra posibilidad en semejante aparición. El cerebro del hombre moribundo envía un pensamiento vigoroso que choca contra el cerebro de la persona en quien piensa, haciendo surgir en él un cuadro, una imagen mental de sí mismo. Esta puede ser proyectada por la persona receptora y ser vista por él como una forma objetiva. Entonces tendríamos una aparición hija del alucinamiento, como dirían nuestros amigos de la S. P. R.

—Los astrales sujetos a la tierra son responsables de más apariciones que los dobles etéreos—observó el Vagabundo.—Es curioso cómo están apegados a los sitios donde han cometido crímenes.

—Aun es quizá más curioso,—replicó el Pastor—cuando están apegados a objetos, como tuve ocasión de notar una vez. Un amigo mío poseía un puñal al que se le atribuía la terrible propiedad de inspirar a todo el que lo empuñaba el deseo de matar a alguna mujer. Mi amigo era escéptico, pero, sin embargo, miraba el puñal con cierta duda, porque cuando él mismo lo empuñaba se sentía tan "raro" que en seguida lo soltaba. Era notorio que por lo menos dos mujeres habían sido asesinadas con él, lo cual era un hecho. Yo lo cogí una vez para hacer algunos experimentos, y me senté solo un día con el puñal en la mano. Sentí la curiosa sensación como si tirasen de mí, como si alguien tratase de hacerme marchar; me negué a moverme y traté de ver lo que era. Vi un hombre de aspecto salvaje que parecía muy encolerizado porque no obedecía a sus esfuerzos, y trataba de meterse dentro de mí, por decirlo así; intento al cual, naturalmente, me opuse. Le pregunté lo que estaba haciendo, pero no me entendió. Entonces miré más arriba, y vi que su esposa le había dejado por otro hombre, que los había encontrado juntos y les había dado de puñaladas con el puñal del mismo hombre, el arma misma que yo tenía en la mano. Luego había jurado venganza contra el sexo entero, y mató a la hermana de su esposa y a otra mujer antes de que él mismo fuese muerto. Entonces se había apegado al puñal y había obsesado a diversos poseedores, impeliéndoles a asesinar mujeres, y con gozo salvaje había visto su mucho éxito. Grande fué su cólera ante mi inesperada resistencia. Como no podía hacerme comprender de él, se lo endosé a un indio amigo mío, quien gradualmente lo condujo a un punto de vista mejor de la vida, y consintió en que se rompiese y enterrase su puñal, y por consiguiente, lo hice pedazos y lo enterré.

—¿Dónde?—preguntó con viveza nuestro jovenzuelo, aparentemente inclinado a desenterrarlo.

—En las afueras de Adyar,—replicó el Pastor, sintiéndose seguro de que estaba fuera de su alcance; y terminó en voz baja:—De todos modos lo hubiera roto aun cuando el fantasma no hubiera querido. Sin embargo, fué mejor para él haber consentido en ello.

—Los fantasmas de este mes,—dijo el Erudito,—no son, a la verdad, una agradable compañía. Seguramente que pudiéramos encontrar algunos astrales mejor reputados que éstos.

—Los astrales realmente útiles, son las más de las veces discípulos ocupados en el servicio, más bien que fantasmas ordinarios,—contestó el Vagabundo.—En nuestra reunión del mes entrante debemos presentar casos de trabajos recientemente llevados a cabo en el plano astral.

Un unánime "¡Convenido!" terminó la reunión.

* * *

—Es interesante observar,—dijo el Vagabundo cuando estuvieron reunidos los amigos alrededor del fuego en su conversación familiar de todos los meses,—cuán a menudo oímos referir historias de capitanes de barcos a quienes algún visitador misterioso ha despertado y ha inducido a cambiar de ruta. Una vez viajé con un capitán que me refirió algunas de sus propias experiencias, y entre ellas me contó una acerca de un hombre que penetró en su camarote vestido de un impermeable chorreando agua, y le había rogado que gobernase en cierta dirección a fin de salvar a unos náufragos. El capitán lo hizo así, y encontró una partida de marineros náufragos, y entre ellos uno en quien reconoció a su visitador.

La mejor y más típica historia de esta clase, es quizás la que tan bien cuenta Roberto Dale Owen en su *Footfalls on the Boundary of Another World* (Resbalones en las Fronteras del Otro Mundo); aquella en que el piloto vió a una persona extraña escribiendo en la pizarra del capitán esta orden lacónica: "Rumbo al Noroeste." El capitán, al oir la narración del piloto y al leer aquellas palabras, decidió seguir la indicación, y al hacerlo, salvó del naufragio un número de personas, entre las cuales reconoció el piloto al misterioso visitante.

Otra historia parecida, aunque difiriendo de un modo curioso en algunos detalles, apareció últimamente en uno de nuestros periódicos, y aun cuando no se llegó a comprobar, es bastante típica para tenerse en cuenta. Titúlase "Tripulación salvada por un fantasma"; pero este fantasma parece haber sido el alma de un hombre, que vivía en este mundo, revestida del cuerpo astral, como sucede normalmente durante el sueño. Hela aquí: "Muchos son los incidentes extraños que suceden en el mar; pero ninguno sobrepuja al que sucedió a Benner, capitán del bergantín *Mohawk,* pequeño buque que se ocupaba en el comercio de las Indias Occidentales. Una vez partió de San Thomas, su último punto de escala, de regreso a su país, siguiendo rumbo Nordeste; navegaba a poca vela con un fuerte viento y mar embravecido, resto de un huracán que había atravesado los trópicos cinco o seis días antes. El capitán, después de permanecer unas horas sobre cubierta, bajó a su camarote a media noche, recomendando al primer oficial de guardia que mantuviese el rumbo que se seguía, y le llamase en caso de empeorarse el tiempo. Se echó sobre un sofá; pero al dar las dos en el reloj del barco, le pareció distinguir, a la débil luz del camarote, la figura de un hombre con una especie de gabán verde. Luego oyó estas palabras: "Capitán, cambiad el rumbo al Sudeste." El capitán Benner se levantó y subió a cubierta, en donde vió que el tiempo había amainado, y que el bergantín llevaba más velas y navegaba mejor. Preguntó al piloto de servicio para qué lo había mandado llamar, a lo que replicó el oficial que no había hecho tal cosa. El capitán, figurándose que había soñado, volvió a su camarote; pero pronto tuvo la segunda visita del hombre del gabán verde, quien le repitió su orden anterior y desapareció por la escalerilla. El capitán, que entonces estaba bien despierto, se levantó de un salto y corrió tras aquella figura; pero no vió a nadie hasta que encontró al piloto, quien insistió en que no había mandado a nadie abajo. Mortificado y perplejo, el capitán Benner regresó al camarote sólo para volver a ver a su singular visitante, y oirle repetir la orden de cambiar el rumbo al Sudeste, y además la advertencia siguiente: "Si no lo hacéis pronto, será demasiado tarde"; luego desapareció nuevamente. Subió a cubierta y dió las órdenes necesarias para cambiar el rumbo del buque al Sudeste. Los oficiales del bergantín no sólo se sorprendieron, sino que se indignaron, y finalmente, resolvieron apoderarse del capitán y encerrarlo; pero poco después del amanecer, el vigía anunció un objeto por la proa. Al aproximarse el buque, se vió que era un bote que contenía cuatro hombres echados debajo de los bancos, uno de los cuales llevaba un gabán verde. Púsose el *Mohawk* al pairo, echó un bote al agua y recogió a los náufragos. Estos resultaron ser el capitán y tres hombres, únicos supervivientes de la tripulación de un barco que se había ido a pique en el huracán, y que habían estado vagando sobre las olas, sin alimento, durante cinco o seis días; el gabán verde pertenecía al capitán salvado. Pocos días después, este último había recobrado sus fuerzas, pudiendo dejar el lecho; hallábase un día en el camarote principal del bergantín con el capitán Benner, y repetidamente le preguntó si creía en los sueños. "Desde que estoy aquí,—continuó,—he estado pensando cuán familiar me es este camarote; creo que he estado aquí antes. La noche anterior al día en que nos habéis salvado, soñé que vine aquí a veros en este camarote, y os dije que cambiaseis vuestra ruta al Sudeste. La primera vez no me hicisteis caso, y vine por segunda vez, aunque en vano; pero a la tercera cambiasteis vuestra ruta , y al despertar vi vuestro barco a nuestro lado." Entonces el capitán Benner, que había observado el parecido de su huésped con el misterioso visitador, le refirió lo que le había sucedido aquella noche. En la mayor parte de estos casos,—concluyó diciendo el Vagabundo,—el visitador es probablemente un discípulo de servicio en el plano astral; pero a veces uno de los mismos que se hallan en peligro, es el que allega el auxilio.

—Así es,—dijo el Pastor;—pero sucede muy a menudo a los protectores invisibles ejercitados en nuestro círculo, el buscar de este modo la ayuda física para los náufragos. Algunas veces basta un sueño muy vívido causado por el lanzamiento de una idea en la mente del capitán mientras está durmiendo, para inducirle a actuar; pues los marinos, por regla general, creen en lo "sobrenatural", como neciamente llama el vulgo a nuestra vida más amplia. El sueño, seguido de un rápido despertar, de modo que produzca un ligero choque, basta muchas veces para producir el efecto deseado. Es posible también evitar un accidente que se considera próximo, tal como un incendio, un choque, etc., empleando el mismo método, o bien despertando repentinamente al capitán, hacerle sentirse inquieto y temeroso de tal accidente, de manera que suba a cubierta o registre cuidadosamente el buque, según el caso. Mucho más de esta clase de trabajo pudiera hacerse con sólo que hubiera un número mayor de nuestros estudiantes que llevase la vida que se requiere, con el fin de adquirir aptitudes para prestar servicios cuando el alma está fuera del cuerpo durante el sueño.

—Y este mismo trabajo constituye su propia recompensa,—contestó el Vagabundo.

—Son cosa curiosa los chascos que el cerebro etéreo nos suele dar en esta materia—observó el Erudito.—Muchas veces, por la mañana, me encuentro recordando los sucesos de la noche, como si yo mismo hubiera sido el héroe de la tragedia, en la cual tan sólo presté auxilio. Por ejemplo: la otra noche estaba haciendo todo lo posible, arriba las montañas, en medio de la pelea, para evitar un accidente; y en el curso de mi trabajo tuve que ayudar a uno de nuestros Tommies que traía un cañón y corría a todo escape por una pendiente, con peligro inminente de estrellarse; y luego en mi memoria, en estado de vigilia, me parecía que yo mismo había sido el conductor de los caballos. Me acuerdo otra noche en que traté de arrastrar fuera del peligro a un hombre que trabajaba en un edificio en donde iba a tener lugar una terrible explosión y, no pudiendo moverlo, vino la explosión y salí disparado con él por el aire; le expliqué tan pronto estuvo desprendido de su cuerpo, que todo estaba perfectamente, y que no había por qué alarmarse: a la mañana siguiente, la impresión que tenía era haber sido yo mismo lanzado por la explosión, y aun cuando después de todo me hallaba sano y salvo, percibía perfectamente el olor del gas asfixiante y del lodo.

—En efecto: tenéis un modo especial de identificaros con la gente a quien auxiliáis,—dijo el Pastor.—Parece una especie de simpatía que os hace experimentar en aquellos momentos exactamente lo que ellos, y al despertar, el cerebro mezcla la identificación de las entidades y se apropia el todo.

—Bruno describía nuestra naturaleza inferior como si fuera un asno,—observó el Vagabundo,— y realmente hay mucho del asno en el cuerpo que tenemos que usar aquí abajo; esto sin contar los atributos asnales del cuerpo astral, al menos mientras no se haya purificado por completo, y no se halle limitado a sus propias funciones de mero vehículo.

* * *

—Está muy bien el hablar de socorrer a la gente librándola de peligros; pero muchas veces resulta esto muy difícil,—exclamó en tono quejumbroso el Archivero, cuando los amigos se hubieron reunido bajo un gran árbol en el jardín, donde por unánime acuerdo se habían citado para sus reuiones de verano.—Tuve la otra noche una curiosa experiencia, en la cual, desesperando de impresionar el denso entendimiento humano, volví por último mi atención hacia unos camellos, logrando con ellos lo que no pude conseguir de sus dueños.

—Referidlo, referidlo,—exclamó el jovenzuelo ansiosamente.—Pocas veces oimos historias de animales, y sin embargo, deben sucederles muchas cosas, ¡que si pudieran saberse!

—Resultado de los libros acerca de las selvas de Rudyard Kipling,—murmuró el. Pastor en voz baja.—Andaría buscando el lobo gris y la pantera negra en el plano astral.

—Bueno; ¿y por qué no?—dijo el muchacho

maliciosamente.—Estoy seguro que queréis más a algunos gatos que a ciertos hombres.

El Pastor se sonrió bondadosamente.

—Estábamos hablando de camellos y no de gatos, según creo. Los gatos son otra historia. Proseguid con la vuestra, Archivero,—dijo.

—Es muy corta,—contestó la persona aludida, levantando la vista desde su asiento en la hierba (al Archivero le gustaba sentarse en el suelo con las piernas cruzadas como un indio). —Pasaba yo una vez por un paraje desierto, no sé en donde, y casualmente encontré una partida de gente que se había extraviado, y se hallaba en un terrible conflicto por falta de agua. La partida se componía de tres ingleses y una inglesa, con criados, conductores y camellos. Yo sabía de algún modo que si tomaban cierta dirección, llegarían a un oasis con agua, y quise imprimir esta idea en la mente de uno de ellos, pero tal era el estado de terror y desesperación en que se hallaban, que todos mis esfuerzos resultaron inútiles. Primeramente ensayé con la mujer la cual rezaba como loca; pero estaba demasiado fuera de sí para poderla impresionar: su mente era como un remolino, y no era posible hacer llegar a ella un pensamiento definido. "Sálvanos, Señor, ¡oh, Dios!, sálvanos", gritaba; pero no tenía la suficiente fe para calmar su mente y hacer posible que recibiese auxilio. Luego ensayé con los hombres, uno después de otro, pero los ingleses estaban demasiado ocupados haciendo las más desatinadas suposiciones, mientras que los conductores mahometanos estaban resignados al destino de un modo demasiado estólido, para que mi pensamiento pudiera llamar su atención. Desesperado, ensayé con los camellos, y con gran gozo mío conseguí impresionar a aquellos animales con la sensación de la existencia de agua en las cercanías. Empezaron a manifestar señales familiares a sus conductores como indicadoras de la próxima presencia de agua, y por fin conseguí que toda la caravana marchase en buena dirección. Ejemplo de la estolidez humana y de la receptividad animal.

—Las formas inferiores del psiquismo,—observó sentenciosamente el Vagabundo,—son más frecuentes en los animales y en los seres humanos muy poco inteligentes, que en los hombres de inteligencia. Parece que están desarrolladas con el sistema simpático y no con el cerebro-espinal. Las grandes células ganglionares, núcleos de este sistema, contienen una gran proporción de materia etérea y, por tanto, pueden ser más fácilmente afectadas por las vibraciones astrales más groseras que las células en las cuales es menor la proporción. A medida que se desarrolla el sistema cerebro-espinal y el cerebro se desenvuelve de un modo más elevado, el sistema simpático se queda en segundo lugar, y la sensibilidad a las vibraciones psíquicas es dominada por las vibraciones más fuertes y activas del sistema nervioso superior. Es verdad que en un estado de evolución posterior vuelve a aparecer la sensibilidad psíquica; pero entonces se ha desarrollado relacionada con los centros cerebro-espinales, y se encuentra bajo el dominio de la voluntad; pero el sistema histérico y mal regulado, del cual vemos tan lamentables ejemplos, es debido al poco desarrollo del cerebro y al dominio del sistema simpático.

—Esa es una teoría ingeniosa y plausible,—observó el Doctor,—que arroja bastante luz en muchos casos singulares y obscuros. ¿Es sólo una teoría, o está fundada en la observación?

—Es una teoría fundada en observaciones hasta ahora muy poco adecuadas,—contestó el Vagabundo.—Las pocas observaciones que se han hecho, indican claramente esta explicación de la base física del psiquismo inferior y del superior, y concuerda con los hechos observados respecto de los sentidos astrales en los animales y seres humanos de intelectualidad inferior, así como también con las relaciones evolucionarias de los dos sistemas nerviosos. Tanto en la evolución de los seres vivos como en la del cuerpo físico, el sistema simpático precede al cerebro-espinal en sus actividades, y se subordina a este último en un estado más desarrollado.

—Así es, sin duda, evolucionaria y fisiológicamente,—replicó el Doctor de un modo reflexivo;—y puede ser una verdad cuando se trata de las facultades astrales en relación a la base física por la cual se manifiestan aquí abajo.

—El hablar de los animales me hace recordar los espíritus de la naturaleza,—dijo el Erudito,—los cuales son considerados a veces como los animales de la evolución Deva. La otra noche tuve una visita de algunos pequeños y alegres seres que parecían muy bien predispuestos. Uno de ellos era un pequeño elemental del agua, un ser húmedo precioso; pero me temo que lo asusté, porque no he podido volverlo a ver.

—Son naturalmente desconfiados de los seres humanos,—observó el Pastor,—por ser nosotros una raza tan destructora; pero no es nada difícil tener amistosas relaciones con ellos.

—La literatura de la Edad Media está llena de historias acerca de los espíritus de la naturaleza,—dijo el Abate, que se había aparecido allí aquella noche en una de sus raras visitas a Londres.—Los vemos de todas clases, hadas y duendes, buenos y malignos, gnomos, ondinas, trasgos y seres de clase más tenebrosa que toman parte en toda suerte de horrores.

—Extraña idea,—dijo el Vagabundo,—la que los representa como seres irresponsables, sin alma, pero capaces de adquirir la inmortalidad por mediación del hombre. Nuestra tía me mandó el otro día una historia encantadora de *Deutsche Mythologie,* de Jacobo Grimm, acerca de un espíritu del agua. Hablando de las ofrendas que les hacen los hombres, dice: Aunque el Cristianismo prohibe tales ofrendas y representaba a los antiguos espíritus del agua como seres diabólicos, la gente, sin embargo, conservaba cierto temor y reverencia hacia ellos, y a la verdad no han abandonado aún toda creencia en su poder e inteligencia; los consideran seres impíos *(unselige),* pero que pueden algún día salvarse. A esta clase de sentimientos pertenece la leyenda conmovedora de que el espíritu del agua, o Neck, no sólo requiere una ofrenda para su instrucción en la música, sino una promesa de resurrección y redención. Dos muchachos jugaban al lado de una fuente; el Neck estaba sentado y tocando su arpa; los niños le dijeron: "Neck, ¿por qué estás sentado ahí tocando? Tú no puedes salvarte." Entonces el Neck principió a llorar amargamente, arrojó su arpa y se hundió profundamente en el agua. Cuando los niños volvieron a su casa, refirieron a su padre, que era un sacerdote, lo que había sucedido. El padre dijo: "Habéis pecado en contra el Neck; volved, consoladle y prometedle la redención." Cuando volvieron a la fuente, el Neck estaba sentado en la orilla llorando. Los niños le dijeron. "No llores así, Neck; nuestro padre nos ha dicho que *tu* Redentor también vive." Entonces el Neck cogió alegremente su arpa y tocó suaves armonías hasta bastante después de ponerse el sol. Tal es el cuento.

—Ese era un medio muy fácil de salvarle; generalmente se cree que hay que casarse con el espíritu,—observó el Abate en tono lamentable, como si recordase alguna experiencia desagradable de la Edad Media.—Se tenía que aceptar aquí el purgatario, a fin de alcanzar para la criatura la entrada en el paraíso después.

Una explosión de risa acogió esta exclamación patética, y la Marchesa dijo:

—Aun persisten algunas ideas de la Edad Media; en una carta de Italia que recibí el otro día, se me hace el siguiente curioso relato: En una aldea llamada Gerano, cerca de Tívoli, a cosa de 17 millas de Roma, tienen por costumbre las nodrizas, especialmente en la víspera de San. Juan, esparcir sal en el camino que conduce a sus casas, y colocar dos escobas nuevas en forma de cruz a la entrada de las mismas, en la creencia de que de esta manera protegen a los niños que crían contra el poder de las brujas. Se cree que las brujas tienen que contar todos los granos de sal, y cada pelo o cerda de las escobas antes de que puedan entrar en las casas, y este trabajo deben concluirlo antes de la aurora, porque después ya son impotentes para causar mal alguno a los niños. En la Marca, cerca de Ancona, a orillas del Adriático, se considera necesario en todo tiempo—por lo menos así me lo refiere la portera de aquí, que es de aquel lugar,—donde hay niños de pecho, no dejar de tener jamás en la casa sal o levadura. Además, no deben dejar las ropas de los niños o las fajas a secar fuera, después de ponerse el sol; y si tuvieren necesidad de sacarlas fuera, pasada esta hora, deben tener mucho cuidado de llevarlas andando junto a las casas, a la sombra de las cuevas, y si tienen que cruzar por algún sitio descubierto, hacerlo lo más pronto posible; estas precauciones son igualmente en contra de las brujas. También me contó la portera que un día su madre, después de lavar y fajar a un hermanito suyo, lo puso en la cama y dejó la casa por corto tiempo, para hacer un encargo en la tienda próxima. Al volver encontró la puerta de la casa abierta (ésta formaba detrás un espacio angular) y al ir a la cama se la encontró vacía. Esto no la alarmó en un principio, porque pensó que alguna vecina había oído llorar al niño y se lo había llevado a su casa. Pero al hacer las averiguaciones consiguientes, nadie lo había visto ni oído llorar, y esto ocasionó alarma y pesquisas. Después de cierto tiempo, la madre, al cerrar la puerta, encontró al niño en el suelo, boca abajo, casi negro de asfixia; podéis imaginaros su consternación. El hecho fué atribuído a las brujas, y la hermana dice que durante toda su vida, que terminó por consunción cuando tenía veintisiete años, fué siempre desgraciada.

—¡Pobres brujas! Han sido el testaferro de la ignorancia y miedo humanos desde tiempo inmemorial,—contestó el Doctor.—Fortuna es que muchos de nuestros magnetizadores y médiums vivan en el siglo XIX; pero es muy posible que veamos el espanto de la brujería moderna si se llegan a conocer las fuerzas ocultas y se usa alguna perversamente.

* * *

Aquí tenemos un notable relato que me envía de Inglaterra uno de nuestros miembros—dice el Vagabundo—. Las personas me son bien conocidas; alteraré, únicamente, sus nombres.

"Habiéndose mi hermano ido a vivir a Londres en Diciembre de 1890, determiné tratar de comprobar si era posible impresionar a aquél por medio de la telepatía. Habíamos previamente realizado, durante cierto tiempo, experimentos relacionados con el hipnotismo; por cuya razón, me figuré que si en la idea de la telepatía, que entonces estaba siendo objeto de especial atención, existía alguna base positiva para creer en ella, su posibilidad debía ser fácilmente demostrada por nosotros a causa de la estrecha relación que nos unía. De consiguiente, me puse a la obra de llegar hasta él desde la ciudad en que me hallaba, 113 millas distante de Londres. Me senté en una silla frente a un espejo negro, cóncavo, en mi dormitorio, procurando formar mentalmente su retrato.

Habíame dicho él que si lograba hacerle moverse o ejecutar alguna cosa cuando la visión mental fuese perfecta, estaría con él entonces lo suficiente en relación para hacerle recordar cualquier mensaje que deseara transmitirle. Así, pues, permanecí en aquella actitud hasta que podía verle tan claramente con el ojo mental como pudiera hacerlo físicamente por medio del aparato óptico. Cuando así logré su visión le ordené mentalmente volver la cabeza y mirar hacia mí, lo cual ejecutó; en seguida le mandé alzar el brazo derecho y tomar su reloj de bolsillo, obedeciendo igualmente.

En este momento aconteció algo particular. Aunque le veía a él no podía ver el reloj que inferí tenía en la mano. Imaginé que podría ver éste si fuera capaz de ocupar su posición; de modo que, deslizándome en su lugar, miré a través de sus ojos viendo entonces el reloj.

Tan pronto como vi la hora, ocho menos diez minutos, desapareció de mi vista y recobré de nuevo la conciencia normal, hallándome fatigadísimo por el sostenido esfuerzo mental, aunque conservaba en la memoria los acontecimientos con toda nitidez, era preciso admitir que no tenía prueba alguna decisiva de nuestro contacto directo. Se me ocurrió si sería únicamente obra de mi imaginación, no obstante la íntima convicción de que en realidad le había impresionado. Me había sentado allí desde las siete, ya eran las ocho menos diez minutos y prácticamente no había hecho nada.

Sentíame defraudado en mi propósito y fastidiado; pero aquella noche, antes de retirarme, determiné hacer otra prueba, pensando que tal vez durante el sueño podría ejecutar lo que deseaba con mayor facilidad que por el método que acababa de poner en práctica. Me acosté a eso de las nueve y media, pero no de la manera usual. Por alguna razón, esta vez había colocado la almohada a los pies de la cama, acostándome boca abajo, con los brazos extendidos, formando ángulos rectos con el cuerpo y la barba apoyada sobre la almohada. Había escasamente permanecido un minuto en esta postura recordando el cuadro que había visto de mi hermano, cuando de repente sentí un estremecimiento de intensa energía eléctrica subir por mi espina, terminando en una punzada en el centro de la cabeza. No puedo afirmar si aquello era frío o calor, pero sí que era extremadamente doloroso. En seguida pareció estallar y yo me sentí de pie en el cuarto frente a una luminosa mole dorada, en medio de la cual había un reloj. Era éste un escape suizo, muy delgado, con caja de plata, sin tapa, grabado el dorso, y en éste tres abolladuras; su muestra era de plata, con números y manecillas ornamentados en oro. Supe instintivamente que era el reloj de mi hermano. y asimismo que si deseaba saber más del asunto, todo se me revelaría tan sólo con fijar mi atención en él.

Observándole noté que marcaba las ocho menos diez minutos, y volviendo inmediatamente a mi cuerpo, desperté e invertí la posición de éste, acostándome a dormir. Cuando me desperté por la mañana y eché la mano bajo la almohada para coger mi reloj, no me sorprendió ver que también éste indicaba las "ocho menos diez". A muchas personas les sucede que si se acuestan pensando en la hora a que han de levantarse, despiertan, invariablemente, al minuto. Me lavé la cara y me vestí apresuradamente, yéndome en seguida al comedor. Mi hermano James (otro hermano), que estaba allí tomando su desayuno, al verme entrar exclamó:

—¡Hola, Ned! ¿qué te pasa? ¿No has dormido? Estás demacrado.—Pero en vez de responder, le dirigí estas preguntas:

—¿Tiene John un reloj suizo, de escape, con caja de plata grabada, tres abolladuras y números ornados en oro?

Al referirle cada uno de estos detalles, me miraba aún más sorprendido; y al fin contestó:

—Sí, pero tú no has visto nunca este reloj. Yo se lo envié hace unos quince días.

Unas tres semanas más tarde, recibí carta de mi hermano John, en la cual me avisaba que venía a vernos y me pedía que fuera a esperarla a la estación, pero sin poner hora de llegada. Sin embargo, fuí al tren en que me pareció más probable que viniera.

Pronto le vi descender (él me vió a mí al mismo tiempo) y esperé a que subiera. Tan luego se me acercó, nos estrechamos las manos exclamando ambos en el propio instante: "Las ocho menos diez." Debo hacer notar que no nos habíamos escrito respecto al objeto de nuestra experiencia, pero es evidente, según nuestras exclamaciones, que los dos estábamos igualmente seguros de que el otro lo sabía todo."

—Ese relato del firmante cuando estaba tendido en la cama, demuestra—dice el Vagabundo—que es algo más que un simple caso de telepatía. Su agudo dolor, la explosión percibida y el estado subsecuente, prueban que se exteriorizó de su cuerpo con entera consciencia. Es una verdadera lástima que su mente hubiese estado fija sobre un asunto tan baladí.

—Las experiencias casuales que no son el resultado directo de la educación y que a nada de particular conducen, no dejan de ser comunes—indica el Pastor—. Aquí hay una carta que escribe de Inglaterra una Matrona de un

Asilo para convalecientes, en la cual se refiere una de estas experiencias:

"El verano pasado (1908) me aconteció un caso extraño. Teníamos en W... una paciente —la enfermera K—, que estaba muy grave; creo que era muy sensitiva, o mejor, muy rara."

El día de su llegada me dijo:—Usted es teosofista.—¿Cómo lo sabe usted?—le pregunté—. Me explicó que lo veía directamente en mí. Unos días después me preguntó:—¿Se cansa usted, o la molesta bajar por las noches a mi lado como lo hace? Porque si es así, no la haré venir, aunque es para mí un grande alivio que usted esté aquí. Le dije que nunca había bajado por la noche a su lado, pero ella insistía en que siempre que sentía mucho dolor y quería verme, yo me acercaba a sostener su mano hasta que mejoraba. Desde entonces, me dijo que había ido por la noche muchas veces a confortarla; y después de irse, me escribió diciendo que una noche en que deseaba estuviera con ella, me aparecí, la besé y le sostuve la mano. Aquella vez—me dijo—llevaba usted un vestido que no conocía y el cual no me gusta. Después de esto regresó muy pronto y yo la recibí a la puerta, llevando puesto aquel mismo vestido que ella no había visto antes.

—Estas experiencias—dice el Vagabundo—están, naturalmente, haciéndose más comunes a medida que la raza penetra en la región fronteriza, en proporción siempre creciente. Es de la más imperiosa necesidad vulgarizar sólidos conocimientos sobre estos asuntos, a fin de evitar lo más posible los peligros que la ignorancia y el miedo llevan aparejados."

* * *

El relato que va a seguir nos fué enviado por un corresponsal digno de crédito—dice el Vagabundo—y principia:

—En Melbourne (Australia) vive una niña de cuatro años de edad, la cual, reiteradamente, refiere a aquellos de sus amigos que le merecen confianza, la experiencia siguiente:

—Antes, cuando yo era más crecida, tenía otra madre muy distinta de la que ahora tengo. Yo tenía que ir a la escuela todos los días; el maestro era muy cruel conmigo, me azotaba muy a menudo. Cuando yo había crecido más todavía, un día me arrebataron a mi madre y todos corrimos hasta un gran buque. Allí fuí capturada por un grupo de soldados que nos encontró y me fusilaron, en tanto que uno me gritaba: "Vete al diablo."

Al preguntar si aquello había sucedido en Melbourne, se obtuvo esta respuesta: "No, en Mérica."

Cuando la niña refiere esta experiencia, nunca altera ni el más leve detalle; tiene su cabecita llena de gran número de otros incidentes de aquella época, pero rehusa hablar de ellos casi siempre. Al ser entrevistados por algunos de nuestros miembros, sus actuales padres carnales no habían oído hablar nunca de la reencarnación y tenían por cosa cierta del que todo ello no era más que obra de la imaginación de su hija; sin embargo, se veían perplejos al considerar la procedencia de aquellas ideas de la chiquilla, pues ésta casi siempre estuvo aislada con ellos en el campo, sin relacionarse con otras gentes, ni aún con sus propios iguales. La chica está muy poco desarrollada para la edad que tiene, a pesar de lo cual su mirada tiene la expresión de una persona de edad madura. Siento tener que agregar que su existencia presente probablemente será muy corta.

* * *

Aquí tenemos otro relato de un hermano teosofista, cuya abnegación deberá servir de ejemplo, y al mismo tiempo, su historia es un bello crepúsculo; dice el pastor:

Dos jóvenes camaradas, de veintiocho y treinta años de edad respectivamente, iban juntos de paseo durante la tarde del 24 de Julio de 1910. De repente, uno de ellos percibió un olor especial que le obligó a interrogar a su compañero: "¿No sientes un olor desagradable?", obteniendo sencillamente un "no", como respuesta. Dos o tres minutos después, el olor había desaparecido. Al día siguiente los dos amigos daban un paseo como de ordinario, cuando a la misma hora (5'45 de la tarde aproximadamente) aunque una milla retirado del lugar en el cual la tarde anterior tuviera efecto, el mismo joven percibió igual olor que la víspera. Este se detuvo al instante, procurando, en actitud positiva, hacer un reconocimiento a su alrededor. Sus ojos físicos nada pudieron ver, pero se dió cuenta por algún medio de que a dos o tres yardas de distancia, había una entidad mala. Miraba él fijamente en aquella dirección, cuando recibió esta especie de mensaje mental de la entidad: "¿Regreso hacia quien me envía?" Pero aquél era miembro de la S. T. y consideró que sería poco teosófico el permitir que una forma inferior de pensamiento retornase sobre quien la había emitido.

Recordando a su Gurudeva, respondió mentalmente: "No, no regreses, descarga tu fuerza sobre mí." No bien hubo dicho esto. sintió que sobre su cabeza descendía algo tenebroso que se le iba extendiendo por todo el cuerpo, dejándole exhausto de fuerzas. Su debilidad apenas le permitía seguir caminando, pero se esforzó en proseguir, a fin de que su amigo no entrara en cuidado por tan repentina indisposición. Empero desde el instante en que la maligna entidad tomó posesión de su cuerpo, él no cesó de meditar sobre la unidad de todos los seres, enviando pensamientos de amor aun a la entidad misma. A los pocos minutos sintió que ésta descendía poco a poco por su cuerpo, recuperando él su vigor completamente en unos quince minutos.

Durante todo este tiempo no había dirigido la palabra a su amigo. Pero una vez recobrado su estado normal, preguntóle a aquél si no había sentido algo extraño durante su silencio. El amigo repuso: "Sentí únicamente una ligera debilidad, nada más."

Desde aquel día, aun cuando ha pasado frecuentemente por el mismo lugar, nuestro hombre jamás percibió más olores de aquella especie.

* * *

—A menudo se oye decir—indica la Condesa—que las personas agonizantes se aparecen a los amigos ausentes. Aunque no tuvo nada de agradable, yo también he pasado por una de tales experiencias. Un verano fué invitada una joven a pasar una corta temporada con su tía, la cual se había casado con un noble provinciano, cuyo antiguo castillo ocupaba uno de los más deliciosos parajes de la montaña. Sentíase encantada la señorita, no tan sólo por el tiempo agradabilísimo que esperaba pasar con otros parientes en casa de su tía, sino porque le había dicho que también se encontraba allí la madre de ésta, por cuya anciana señora tenía ella especial predilección y a la cual se sentía estrechamente unida por misterioso lazo de cariño. La realidad fué aún superior a cuanto ella se había imaginado; todo allí era fiesta y alegría, que los más viejos miembros de la familia se esforzaban en proporcionar a sus huéspedes más jóvenes.

Así fueron pasando los días, hasta que el deber llamó a la joven a su paterno hogar. Sólo de vez en cuando recibía noticias escritas de sus parientes de la montaña, alegrándose al saber que la mamá de su tía gozaba de su buena salud. Entretanto llega el invierno. Y la propia muchacha escribe: "Desperté una mañana estando aún muy obscuro el exterior. Desde la alcoba de mi madre, a través de la puerta entornada, la luz opaca de una lámpara nocturna iluminaba apenas mi habitación. Me parecía demasiado temprano para levantarme, y de nuevo me quedé dormida. Mas ¿qué era aquello? Envuelta en el vestido lila pálido que tan a menudo llevara en aquellos días felices del verano, mi anciana tía sale del cuarto de mi madre en dirección adonde yo me encontraba. Acercándose a mi cama, se inclina sobre mí y me abraza, apretándome cada vez más. No podía respirar, experimentando una dolorosa agonía." La lucha prosiguió de este modo hasta que, pasado algún tiempo, la aparición se evaporó y la muchacha otra vez pudo respirar.

En aquel instante sonoron las seis. Era la mañana de un viernes. A los pocos días se recibió la noticia de que la anciana había muerto el mismo viernes a las seis de la mañana. ¿Fué la anciana en su cuerpo astral a visitar a la muchacha, o es que ésta en el suyo estaba ante el lecho mortuorio de su tía?

Probablemente la anciana fué a hacer la visita —dice el Vagabundo—, pero en estado semi-consciente; consciente de su amor por la joven, e inconsciente de que su manifestación era tan poco agradable. Lo más probable también es que la muchacha tuviera miedo y el susto la hizo sentir aquella especie de asfixia.

* * *

La experiencia que voy a leer—dice el Pastor—me fué enviada por un corresponsal, pero no veo claro lo que allí sucede. Dice así:

"Al comienzo de la guerra ruso-japonesa, tenía yo a mi servicio, en calidad de criado, un japonés que por completo desconocía la lengua inglesa. Diariamente, tan pronto como terminaba sus quehaceres, me traía los periódicos pronunciando siempre el mismo estribillo, en el cual quedaba comprendido todo su inglés: "¿Madame, Japón-Rusia?" Entonces yo procuraba, con la ayuda de signos, planos y dibujos, hacerle comprender las noticias. Si no hubiera sido por el deseo ardiente que éste sentía por conocer las noticias de la guerra, me parece que con dificultad habría yo leído los diarios y menos todavía las noticias de la guerra, aunque mis simpatías estaban con el Japón; sin embargo, en un principio no experimenté absolutamente ningún entusiasmo. Finalmente, una particular exaltación se apoderó de mí, en la cual parecía que yo no tomaba parte; se posesionaba de mí sin que mi voluntad entrara en juego. Me ocurría esto en casa, en los tranvías, en todas partes. Traté de alejarla. Pero otra vez me poseía, aun mucho después de haber sido el pequeño japonés reclamado por su Gobierno.

En ocasiones, jinete en brioso corcel que piafaba impetuosamente y saltaba salvando todas las dificultades, sentíame yo arengando grandes ejércitos e inspirándoles el avance y persecución del enemigo. Mi noble caballo blanco tan pronto acometía como se escapaba, pues éste sabía tan bien como yo que por el momento éramos la energía centrípeta y el poder de donde los grandes ejércitos sacaban su entusiasmo. Pretendí, con todas mis fuerzas, alejar esto de mí y tuve éxito, pero tan sólo por muy corto tiempo. Pues casi inmediatamente me hallé otra vez cabalgando soberbiamente el maravilloso corcel, cruzando el espacio, saltando en ocasiones por encima de los grandes ejércitos, que yo podía conducir fuera de peligro. Entonces, no tan sólo podía yo prever los peligros, sino que también poseía la facultad de salvar a los soldados. Este entusiasmo extraordinario llenaba todo mi ser.

Este fenómeno duró, en todo su vigor, por unos cuatro meses consecutivos, terminando hacia la mitad de la guerra, desde cuya fecha no volvió a repetirse. Mientras duraba aquel estado, conservaba siempre mi conciencia ordinaria, pero estaba absorbida por el fenómeno que tenía lugar. En apariencia, yo me encontraba allí, cabalgando a la cabeza del ejército, llevando inspiración a las filas japonesas y a menudo el terror y espanto a los rusos, cuando éstos me veían a caballo en el aire, pues los vi agacharse y mirar hacia atrás muchas veces. No hallo la explicación que esta experiencia pueda tener, pero sí ocupó todo mi ser por bastante tiempo; no soy, estoy cierta, otra Juana de Arco".

—¿No cree usted—dice el Vagabundo—que ese *peculiar entusiasmo* lo explicó todo? Sabéis cuán frecuentemente hallamos en el mundo astral novicios que se identifican con las personas a las cuales tratan de ayudar, siendo lanzados al espacio en una explosión, por ejemplo: Inflamada por el entusiasmo de su criado japonés, se inclinó hacia el lado del Japón, y, muy probablemente, se asoció con algún jefe de caballería.

A propósito, yo tuve una rara experiencia en

aquella misma guerra. Al despertar una mañana, después de haber estado ayudando a los nuestros de una gran batalla, oí—*ya despierta*—el estruendo de los cañones, las voces de mando, los quejidos, gritos y demás ruidos que tan horrible hacen un campo de batalla. Todo este intolerable tumulto estaba sonando a mi alrededor.

—Deberíais estar medio dentro y medio fuera de vuestro cuerpo—replica el Pastor—pero, en todo caso, tan clara percepción prolongada hasta la conciencia ordinaria, no es común.

—Aquí tengo un notable ejemplo—dice el Banquero—de cómo un pensamiento vigoroso puede transponer distancias, y aunque sea por un solo instante, extender la conciencia hasta ver y conocer un lugar determinado, sin haberle visitado previamente.

Hace varios años, celebrábamos en mi casa una pequeña reunión de teosofistas, con el fin de despedir el año viejo y dar al nuevo la acostumbrada bienvenida, enviando pensamientos de amor a todos nuestros hermanos. Cuando las visitas se retiraron, nos recogimos los de casa, continuando yo meditando en la cama, respecto a los pensamientos emitidos, en relación con nuestra velada y con la despedida e inauguración del año. Antes de dormir tuve el deseo de enviar un pensamiento de felicidad y devoción a Mrs. Besant, e indiqué a mi señora que así lo iba a efectuar. Cerrando los ojos principié a pensar en aquélla. Casi inmediatamente me pareció estar frente a una puerta de cristales, separada de mí por dos o tres escalones ascendentes. Me acerqué y observé al interior. Ante mi vista se ofreció una larga habitación, cuyo extremo opuesto no podía distinguirse claramente por su escasez de luz. Parecía ser muy de mañana—al salir el sol o momentos después.—A corta distancia frente a mí y un poco a la derecha, había una mesita corta, con cartas y papeles diversos encima; la mesa o pupitre, de un pie de altura solamente, parecía colocada sobre una tarima o canapé. En la estancia no se veían sillas. Y el piso parecía recubierto con tiras de bambú o esterado japonés, en toda su extensión, con una alfombra o estera cerca del canapé. Esto, que tanto tiempo lleva para describir, fué, por supuesto, momentánea visión, pues vi en seguida, que a lo lejos, por el lado opuesto, descendía Mrs. Besant hacia la parte en que yo me encontraba. Vestía ella su acostumbrado color crema. Se acercó a la mesilla, se caló sus gafas y con la mano izquierda tomó algunos papeles de igual lado del escritorio o mesita. Se disponía a examinar aquéllos cuando, al parecer, se enteró de mi proximidad a ella tras la puerta de cristales. Al punto me miró por encima de sus gafas e inmediatamente su cara, como surgiendo del fondo de un telescopio, parecía venir hacia mí directamente, haciéndose más grande por momentos a medida que se iba aproximando, hasta que, asumiendo una proporción gigantesca, tuve miedo de chocar con ella, lo cual me obligó a recordarme violentamente. Sin embargo, no estaba durmiendo, sino abstraído únicamente en mis pensamientos. En seguida describí a mi señora, a quien indiqué iba a pensar en Mrs. Besant, todos los particulares de la experiencia, conforme quedan expuestos más arriba, agregando: "Ya ves, esto parece tener bien poco de real; pues acaban de dar las dos de la madrugada y no obstante, me parecía que allí ya había salido el sol." Replicándome ella al poco rato: "¡Ah! pero aguarda; ¿cuál es la diferencia de meridiano entre la India y nosotros? ¿No será ya de mañana allí?" Esta advertencia me hizo pensar en que bien pudiera suceder así, pues Italia está aproximadamente una hora al Este de Greenwich e India unas cinco a cinco y media horas; así, pues, la hora correspondiente a mi pensamiento en Mrs. Besant, sería, en números redondos, la de 6'30 de la mañana en la India.

Esto hizo la cuestión mucho más interesante. Anoté el suceso en mi diario y me decidí a esperar la comprobación por mí mismo, de si semejante habitación existía. Por entonces, no tenía yo idea respecto al lugar en donde

Mrs. Besant se encontraba, ni veía posibilidad alguna de inmediata comprobación para mi experiencia, pues llevaba tan sólo dos o tres años como miembro de la Sociedad. Al venir el año pasado por primera vez a Adyar, se avivó en mi mente el pensamiento del suceso, a medida que me iba aproximando a las habitaciones de Mrs. Besant, en el Cuartel General, quedando sumamente desconcertado a mi llegada, al comprobar que aquéllas en nada se parecían a la vista por mí algunos años atrás. Verdad es que había un canapé o tarima con una mesita encima, pero esta habitación era más cuadrada, distintas las ventanas y ningún peldaño existía allí que condujera al sitio en el cual yo había estado observando. Nada absolutamente coincidía con mis datos de la habitación vista. De modo que suspendí mis investigaciones. Más tarde se me ocurrió que podría haber tenido lugar en Benarés; quizás en Shânti Kuñja. Mas no habiendo tenido la oportunidad de visitar aquella ciudad el año pasado, regresé a Europa sin poder comprobar en modo alguno mi visión.

Sin embargo, este año fuí llevado a Benarés por las circunstancias. Y al acercarme allá, otra vez surgió en mi mente la pretendida habitación, yendo en coche muy de madrugada antes de salir el sol, acompañado por bondadosos amigos, a Shânti Kuñja, residencia de Mrs. Besant. En la primera habitación que entramos—aun no era de día claro—había un ancho canapé como el descrito, pero ¡ay! esta no era la estancia esperada; su forma y sus proporciones en nada coincidían, todo era distinto. De hecho, sin saber por qué, concluí por aceptar que esta era la habitación de Mrs. Besant; y, sin embargo, de nuevo la realidad física se interponía para querer demostrar que la transitoria visión había sido errónea; era, pues, inútil molestarse más. Sin embargo, mientras así pensaba yo, íbamos descendiendo a través de otra habitación; mas en parte por ser todavía muy de mañana y estar sólo alumbrada por la luz de una linterna, y, por otro lado, debido a la poca luz que podía penetrar por sus cerradas ventanas, no pude distinguir los detalles.

Empero me parecía familiar; pero, después de los chascos sufridos, preferí no pensar más sobre el asunto y, sin más averiguaciones, salí inmediatamente a la galería. Nos hicimos servir en ésta nuestro *chota-hazri*, o desayuno, en tanto que el sol iba lentamente alzándose sobre el horizonte. Abandonando mi asiento, me fuí a mirar al interior de aquella estancia por una de las ventanas que daban sobre el corredor—*y allí estaba mi tanto tiempo buscada habitación con todos sus detalles, tal cual yo la había visto.*

Es de mañanita; a mi espalda, los escalones

que conducen a la galería; en ésta, yo de pie tras la ventana, la cual, debido a la madera de que está construída, bien pudo ser descrita como "puerta de cristales"; ante mí se extiende una estrecha habitación escasamente alumbrada, con el canapé y el escritorio un poco hacia la derecha; sobre este último papeles; y al exterior el sol iluminaba la mañana. Sólo faltaba Mrs. Besant descendiendo a mirarme por encima de sus gafas. Mas ella se encontraba entonces en Burna, por cuyo motivo esta parte de la prueba no pudo tener lugar. Habiendo preguntado en seguida quién habitaba allí, mi acompañante me informó que aquel era el departamento de Mrs. Besant, ocupado a la sazón por míster Arundale, en tanto que en el suyo se llevaban a cabo algunas reparaciones.

—Como testimonio auténtico de videncia mental a miles de leguas de distancia, de un lugar para mí desconocido, me parece que lo que antecede tiene muchos detalles dignos de nota.

—Ciertamente que los tiene—dice el Vagabundo,—pues sería un poco difícil, aun para un investigador de psiquismo, atribuir a la telepatía el cuadro de una habitación que usted desconocía, cuando yo no pensaba en usted. Puede registrarse como una valiosa prueba.

FIN

INDICE

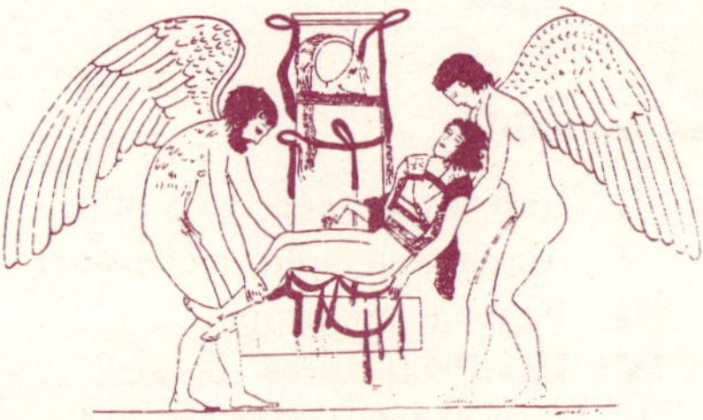

Tánato, dios de la muerte, hijo de Erebo y de la Noche, hermano gemelo de Hipnos el dios del sueño.

Los Ángeles Custodios,
Protectores Invisibles
de C. W. Leadbeater
se terminó de imprimir en
diciembre de 2016.
La impresión de forros e interiores se
llevó a cabo en el taller de litografía de:
Berbera Editores, S. A. de C. V